楽しくつくろう 布おもちゃ
付・原寸型紙18点

● 芸術教育研究所・おもちゃ美術館編 ●

黎明書房

● 動物お手玉

体の上でポンポンと動かしながら，お話遊びも楽しめます。（40頁）

● チーズハンバーガー

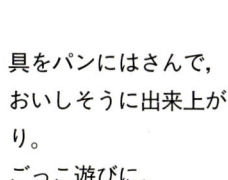

具をパンにはさんで，おいしそうに出来上がり。ごっこ遊びに。
（80頁）

● 花の首飾り

並べて，
つないで……

ひもに通して……。
遊びが広がるおもちゃです。
（30頁）

はじめに

　ぬいぐるみは，子どもの成長過程において，心の発達や皮膚感覚の発達などにたいせつな役割をはたしています。

　日本人は器用な民族であり，また情緒性の豊かな民族でもあると思います。その日本人の最近の生活の中から，指の発達をうながすような生活用具が少なくなって，いつのまにか欧米化された生活が多くなっているのではないでしょうか。

　しかし，その欧米には，木製やプラスチックなどの子どもの発育を考えたおもちゃがたくさんあります。特にヨーロッパやロシアなどには，教育を目的としたおもちゃが多く，しかも親が選んであたえています。日本にも折り紙のように伝統的なすばらしいものがありますが，教育を目的としたおもちゃをあたえる家庭は，まだ比較的少ないように思われます。

また日本人は，感触をとてもたいせつにする民族ともいえます。何でも手で触れてみないと満足しないのは，日本人だけとさえいわれているようです。そのくらい感覚をたいせつにする民族なのです。そうしたことを考えながら，布製で，しかも感触のよいタオル地のようなもので，子どもの発達に合わせたぬいぐるみをつくることができないかと，つねに心にえがいております。

　ぬいぐるみは，布の種類やつめるものによって，やわらかさや，はだざわりのよさ，色の美しさを自由にだすことができます。

　しかし，いままでのぬいぐるみのイメージは，抱いたり，置いてながめたりするものがたいへん多いように感じられます。本書にのっているぬいぐるみは，もっと幅広く考え，子どもたちの成長過程の中で，子どもたちの能力や環境に合わせ，たのしくあそびながら，感覚（聴覚，視覚，皮膚感覚）の発達，生活習慣，造形，学習，模倣あそびなどに役立つ

道具として取り入れてあります。

　手づくりのぬいぐるみのよさは，身近な布を使って，子どもたちが見ているところで，いっしょにつくり上げることができることです。一枚の布から，たのしい動物をつくったり，大好きな食べものをつくったりして，つくる過程をいっしょにたのしむことができます。さらに身近な人がつくったぬいぐるみは，特別な親しみがでてくることでしょう。そしてぬいぐるみをとおして，子どもの会話が生まれ，よい人間関係もつくられます。

　乳児期は，すべて訓練の時代といわれます。ぬいぐるみを使って，子どもたちがたのしくあそびながらいろいろ学びとれるようにしたいものです。生まれたばかりの赤ちゃんを，無彩色の部屋で育てると，色についての感覚が失われてしまうといわれています。音についても同様です。身近なあそび道具をいろいろな布でつくることは，美しい色を豊富にだすことができます。

子どもは，聴覚や視覚，皮膚感覚が未発達の状態で生まれてくるのですから，よい刺激をあたえることがたいせつです。

　生まれてからいちども手をにぎったことのない子は，知能がじゅうぶんに発達しないといわれます。指の発達は，知能につながり，器用，不器用といわれるようになることも，このころの手の皮膚感覚の正しい訓練に関係があると思われます。また，視覚の発達は，じょうずに歩けるための訓練であり，目をとおしての運動機能の発達にも役立ちます。さらに色の豊かな環境は，性格や情緒の形成にも役立ちます。

　未来をきりひらいていく子どもたちのために，わたくしたちの身近にある布を利用して，世界で一つしかないたのしいおもちゃをつくってみましょう。

もくじ

*印は原寸型紙の付録つき

❀ ぬいぐるみさんこんにちは
心の働きを豊かにするぬいぐるみ

おたまじゃくし＊ ・・・ 8
小さな動物＊ ・・・ 10
親子パンダ＊ ・・・ 13
シーチングのねこ＊ ・・・ 16
いたずらワン君＊ ・・・ 18
リトルインディアン＊ ・・・ 20
くまの赤ちゃん＊ ・・・ 22
くまのピクニック＊ ・・・ 24
くまの小物 ・・・ 26

❀ ぬいぐるみさんとあくしゅ
指の発達に役立つぬいぐるみ

ボタンかけくまさん＊ ・・・ 28
花の首飾り ・・・ 30
型あそび ・・・ 32
つくしんぼの指人形 ・・・ 34
花の指人形 ・・・ 36
はれたりくもったり ・・・ 38
動物お手玉＊ ・・・ 40
音がするサヤエンドウ ・・・ 42
割れるスイカ ・・・ 44

  おいしい果物 　　　　　・・・　46

❀ **ぬいぐるみさんあそびましょう**
  構成あそびや学習に役立つぬいぐるみ

  ひっくりかえる＊ 　　　・・・　50
  いも虫から？＊ 　　　　・・・　52
  パク パク パク＊ 　　　・・・　54
  チクタク時計 　　　　　・・・　56
  アクセサリー絵本 　　　・・・　58
  シマシマえんぴつ 　　　・・・　60
  サイコロ コロコロ 　　・・・　62
  サッカーボール 　　　　・・・　64
  ソフトボール＊ 　　　　・・・　66
  クリスマスツリー 　　　・・・　68
  じ ど う しゃ＊ 　　　　・・・　70

❀ **ぬいぐるみさんでおままごと**
  ごっこあそびができるぬいぐるみ

  イギリスパン 　　　　　・・・　74
  ３時のおやつ 　　　　　・・・　76
  ソフトクリーム 　　　　・・・　78
  チーズハンバーガー 　　・・・　80
  おやさいくん＊ 　　　　・・・　82
  おいしい目玉やき 　　　・・・　84

❀ **材料について** 　　　　　・・・　85

ぬいぐるみさん こんにちは

親子パンダ　P.13
おたまじゃくし　P.8
いたずらワン君　P.18

✤ 心の働きを豊かにするぬいぐるみ ✤

おたまじゃくし

寝ている赤ちゃんは，はっきりした色とか音に興味を示します。赤ちゃんの目から30cm位はなしたところで音をきかせてあげましょう。音の方向に顔を向けますので，眼球や頭を動かす運動に役立ちます。

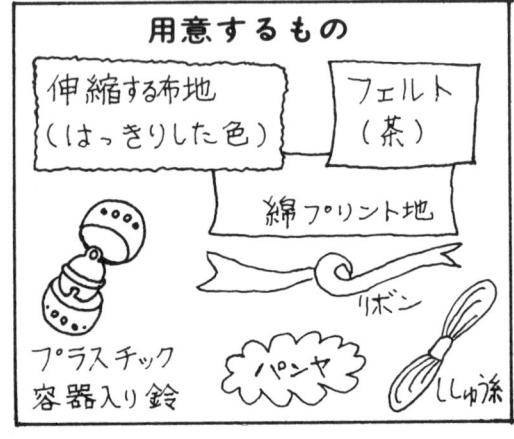

① 中表にしてまわりをぬい、表に返してパンヤとプラスチック容器入りの鈴を入れ、あき口をとじます。

② 顔をつくり、リボンをつけます。

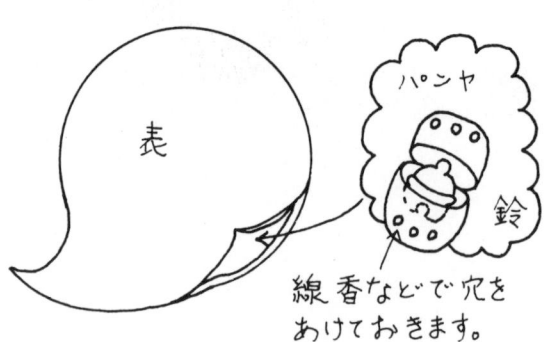

線香などで穴をあけておきます。

応用

パンヤのかわりに、ウレタンをつめるとお風呂にうかべて遊べます。

中に入れる鈴

おもちゃ屋さんの店頭で売っている卵型をした容器を使いましたが、ピンポン玉などを割っても使えます。

遊び方

❋ 1～2か月の子どもには、目で追わせます。

近づけたり左右に動かしたりします。

❋ 3～4か月の子どもは手を出してとろうとします。

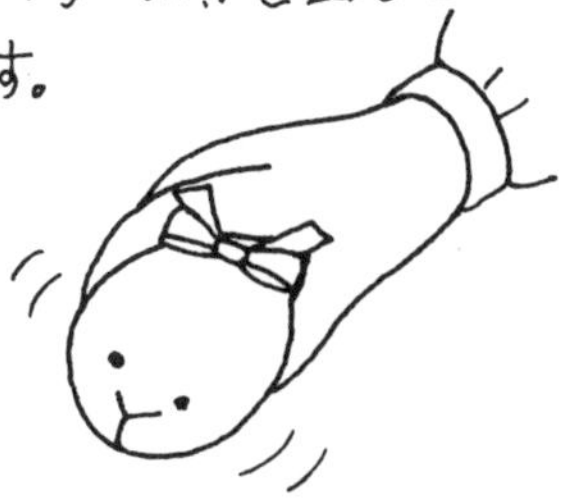

30cm位上のところで音をきかせます。

❋ 5～6か月になると、音のする方向がわかってくるので、手でつかむことができます。

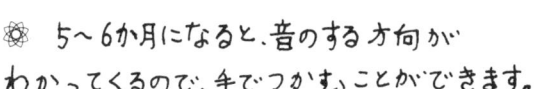

小さなうさぎさんもつくってみましょう……

① 耳、手足をぬいます。

② 頭はまわりをぬいちぢめてパンヤとプラスチック容器入りの鈴を入れます。尾も同じようにぬい、鈴は入れません。

③ ボディーは手足をはさんでぬい、パンヤをつめ、頭、耳をぬいつけてから、顔をつくります。

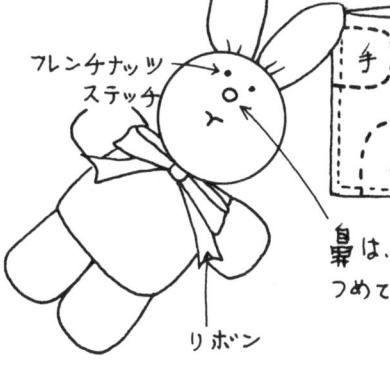

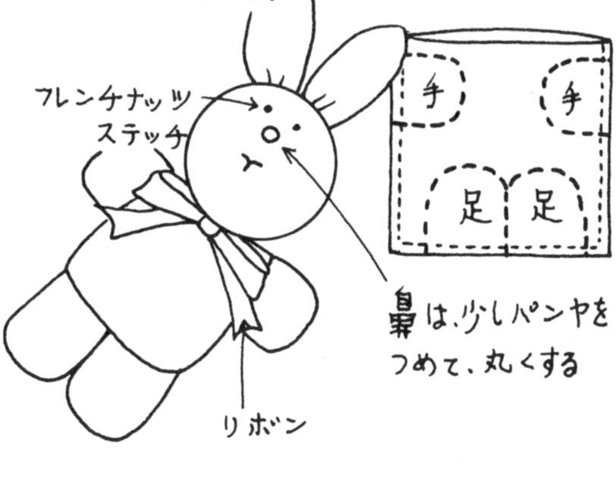

フレンチナッツステッチ

鼻は、少しパンヤをつめて、丸くする

リボン

小さな動物

アヒルのガー子

あひるの中に鈴が入っていて赤ちゃんがふって楽しめます。ベッドの上につるして、手を伸ばすとつかめるようにしておきます。6か月近くになると肩を自由に上げて、ひっぱったり持ったりできるようになります。

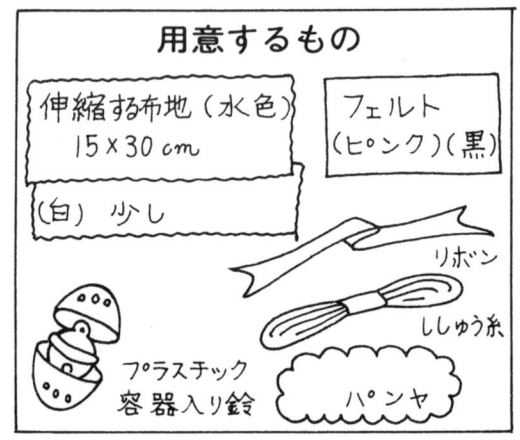

用意するもの
- 伸縮する布地（水色） 15×30cm
- フェルト（ピンク）（黒）
- （白）少し
- リボン
- ししゅう糸
- プラスチック容器入り鈴
- パンヤ

① フェルトを次のように折って、くちばしをつくります。

② くちばしをはさんでボディーを中表にぬい表に返して、鈴とパンヤを入れます。

③ はね2枚を中表にぬい表に返します。

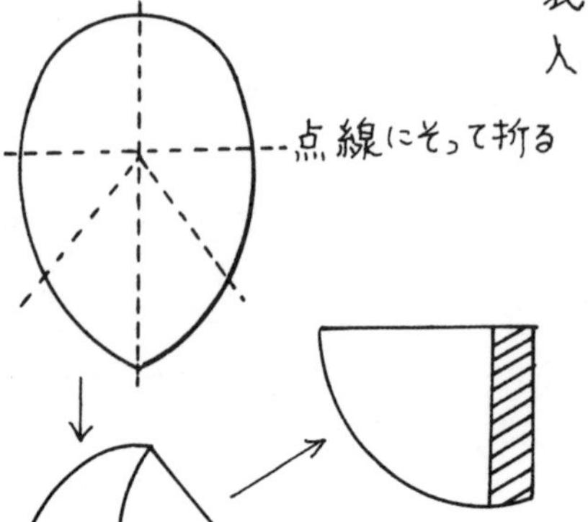

点線にそって折る

ボディーにはさみ込む部分

くちばし

ボディー

プラスチック容器入り鈴

パンヤ

④ はねと、足をボディーに とじつけます。

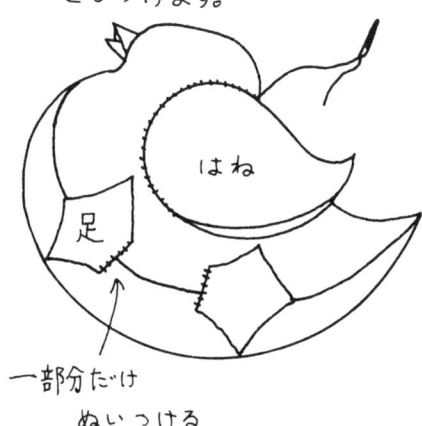

一部分だけ ぬいつける

⑤ 顔をつくり、リボンを結びつけます。

フェルトをぬいつけ ししゅう糸で まつ毛をつける

リボン

いたずらチュー君

まるいクルッとした目と大きな耳がかわいいねずみ君です。でもとてもいたずら坊や、元気いっぱいです。

赤ちゃん（11か月位）が見ている前で「ねずみ君が、穴の中に入ってしまったよ」といって、出したり隠したりして、楽しく遊んであげましょう。

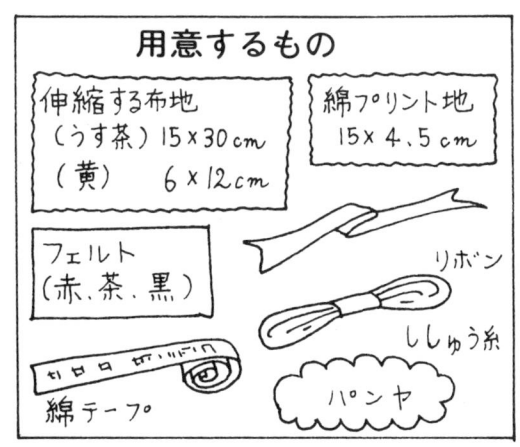

用意するもの

| 伸縮する布地 （うす茶）15×30cm （黄）6×12cm | 綿プリント地 15×4.5cm |

フェルト（赤、茶、黒）
リボン
ししゅう糸
綿テープ
パンヤ

① 頭を中表にぬいあわせ、表に返してパンヤをつめます。

② 手は中表にぬい、手先にパンヤをつめます。

③ ボディーは手をはさんで中表にぬい、表に返して、パンヤをつめます。

11

④ 耳は2枚を中表にぬい、タックを寄せるように、頭にとじつけ、頭とボディーをぬいつけて、顔をつくります。

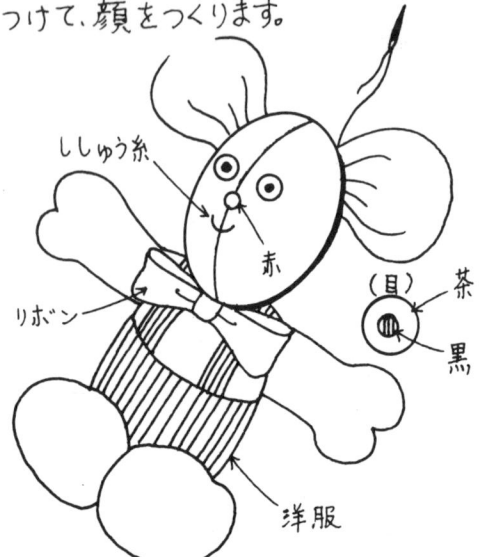

洋服

上下をうらに折り、ステッチをかけ、わにします。

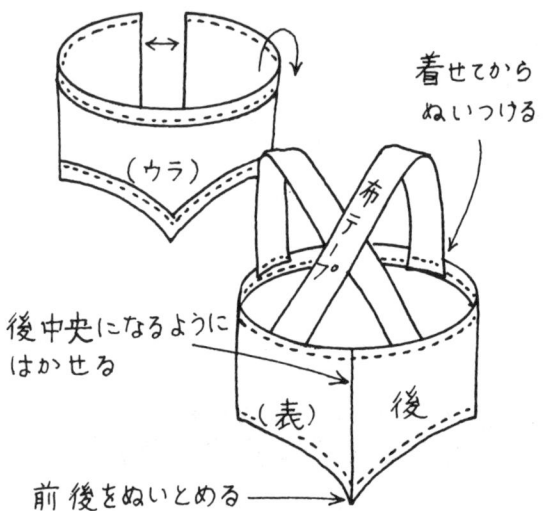

着せてからぬいつける

後中央になるようにはかせる

前後をぬいとめる

遊び方

❉ 赤ちゃんの見ている前で、ねずみに箱をふせてかくしてしまいます。
箱をとらせて、見つけさせましょう。

❉ ゴムひもでつるしてあげましょう。

❉ ひもをつけて、ひっぱることができるようにしましょう。

❉ チュー君に、あまり布で帽子やネクタイもつくってあげましょう。
❉ スカートをはかせると、女の子のチューちゃんになります。

親子パンダ

　白と黒の毛がモコモコした大きなパンダは，動物園や絵本などで子どもたちに大人気です。
　小さな赤ちゃんパンダもつくって，親子パンダにしてみましょう。パンダの大好物の笹の葉をフェルトでつくってはいかがですか。

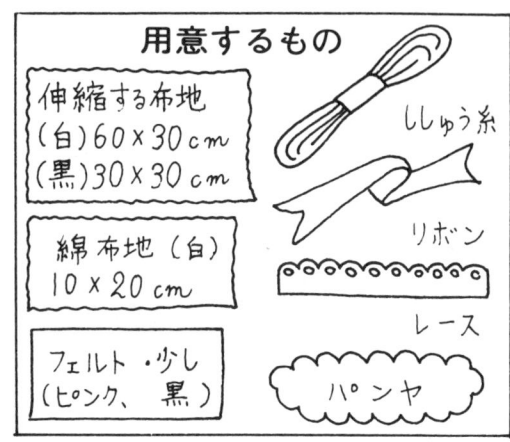

親パンダ

① 耳2枚を中表にぬい表に返します。

② 頭の後と顔の中央をそれぞれはぎあわせます。

③ 耳をはさんで頭の前と後を中表にぬい、表に返して、首の部分からパンヤをつめます。

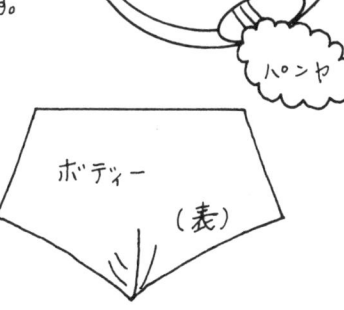

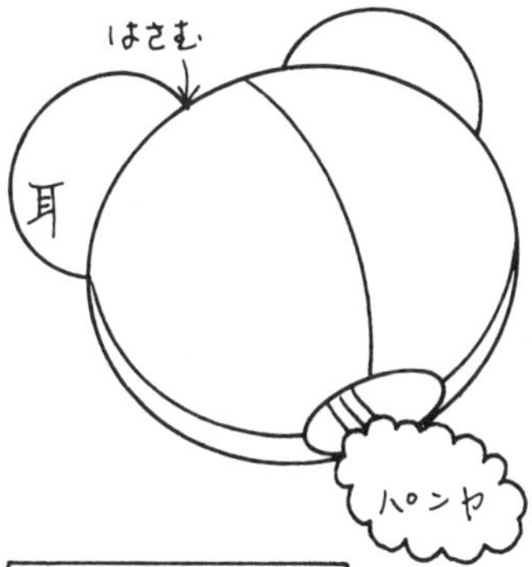

④ 手は中央をはぎあわせておき、前と後2枚つくります。

⑤ ボディーはふくらみを出すために、ダーツをぬいます。

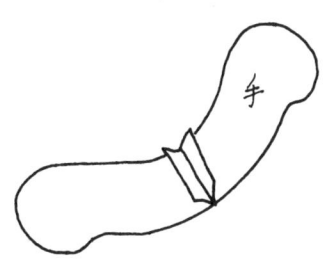
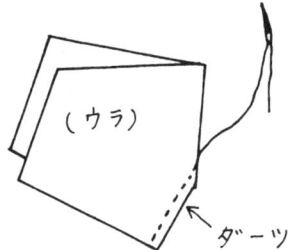

⑥ 手と足をボディーにはぎあわせ、前と後のボディーを中表にぬい、表に返して首からパンヤをつめます。

⑦ 頭とボディーをぬいとじて、顔をつくります。

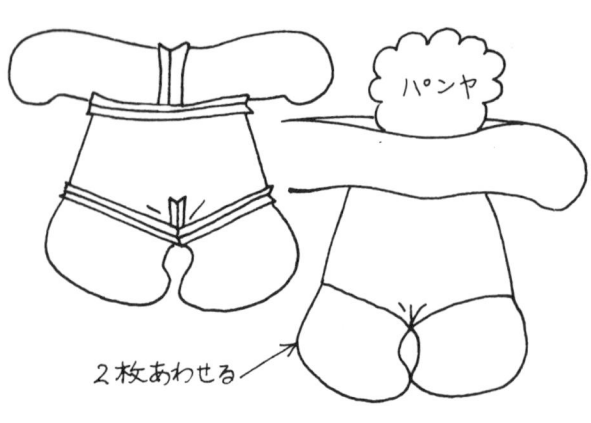

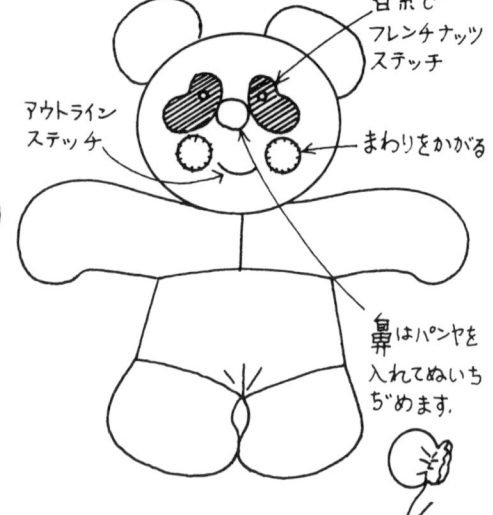

ベビーパンダ

① 頭をはぎあわせ、顔はダーツを入れます。

② フェルトの耳をはさみこんで顔と頭を中表にぬい、表に返してパンヤをつめます。

③ ボディーはダーツをぬっておきます。

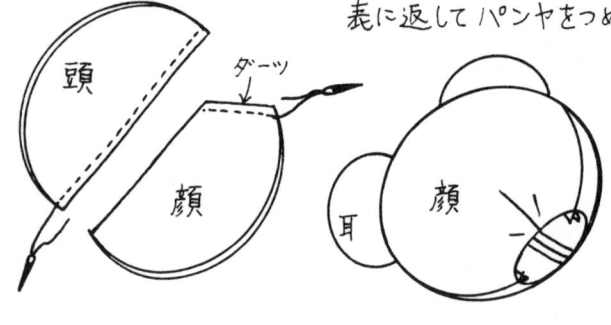

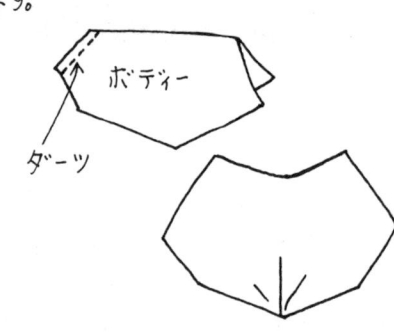

④ 手と足をボディーにはぎあわせ、前と後のボディーを中表にぬい表に返して、パンヤをつめます。

⑤ 頭とボディーをぬいつけ、顔をつくります。

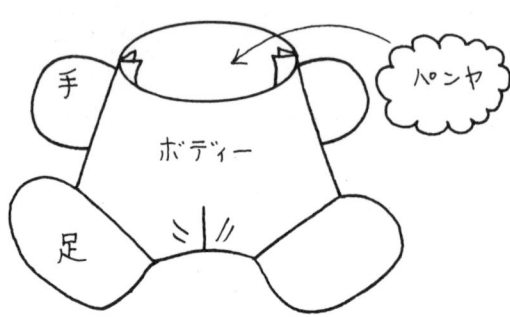

帽子

① 帽子にレースをぬいつけて、ギャザーをよせます。

② ①と帽子の頭(B)をぬいつけ、リボンをつけます。

遊び方

❀ 家庭動物園ごっこをしてみましょう。

❀ 手が長いので、お話にあわせて、いろいろなポーズがとれます。

シーチングのねこ

綿のシーチングでつくられたぬいぐるみです。首のところがにぎれるように細くなっています。抱いたり，お話ししたり，おすわりさせたりして遊ぶことができます。

また，ボディーに，パンヤの代わりに小豆などを入れたりしても，さくさくとした感触がよいですね。

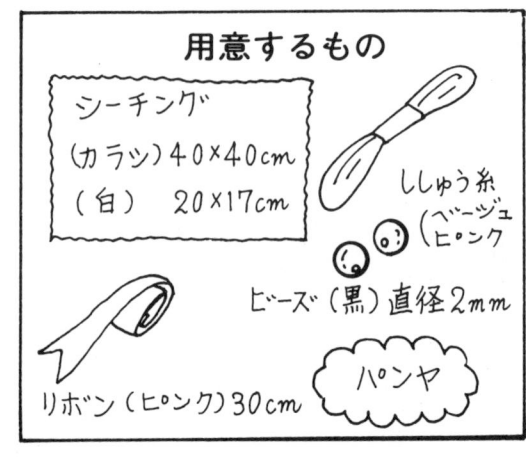

① 耳2枚を中表にぬい表に返します。

② 頭の後はダーツの分だけぬってふくらみを出します。

③ 顔は頭を2枚はいで下の部分をはぎあわせます。

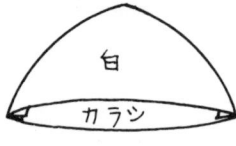
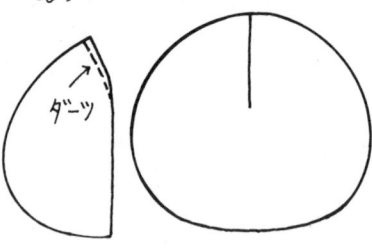
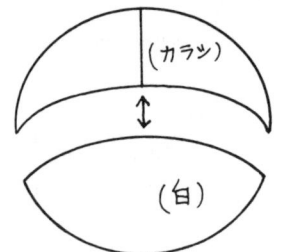

④ 頭の前と後を，耳をはさんでぬいあわせ，パンヤをつめてからあき口をこまかくくけます。

⑤ 手は中表にぬい表に返してパンヤをつめます。

⑥ 尾は中表にぬい，表に返してあき口をとじます。

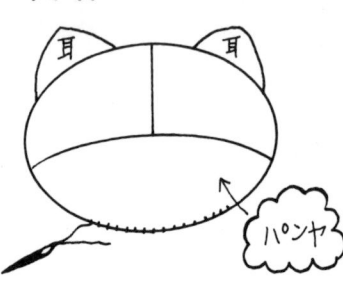

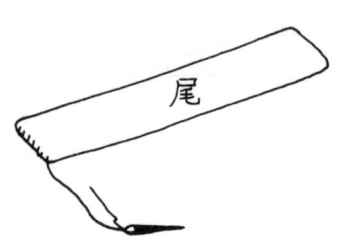

⑦ 前ボディーに、白地のシーチングをぬいつけます。

⑧ 後ボディーの切り込みをぬいあわせてダーツをとります。

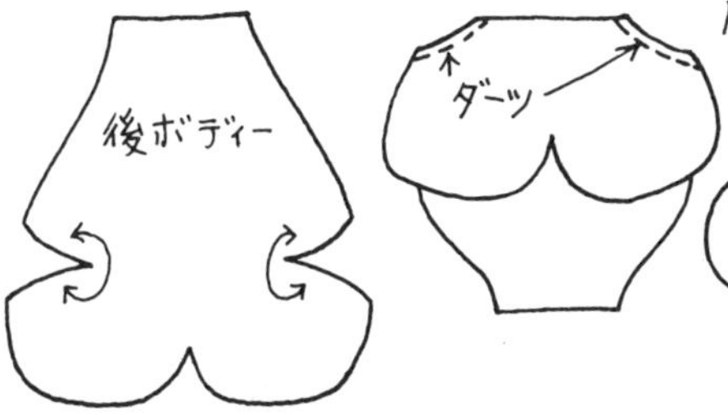

⑨ 型紙の印の位置に手をはさみ込み、ボディーの前と後をぬいあわせてパンヤをつめます。

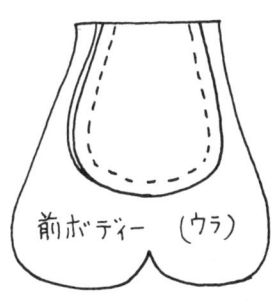

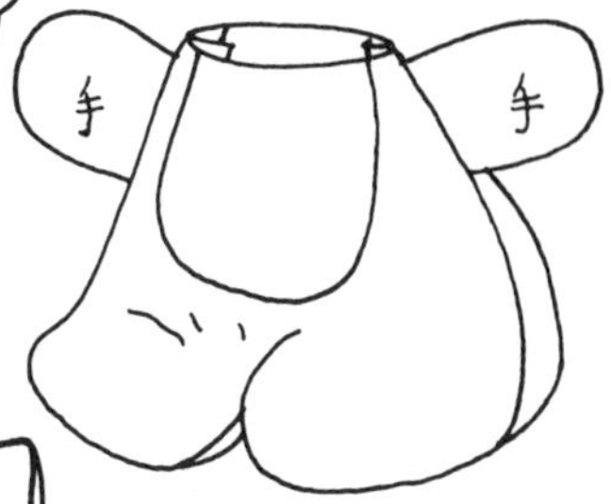

⑩ 頭とボディーをぬいあわせ顔をつくります。
鼻はまわりをぬいちぢめてパンヤを入れてぬいつけます。

遊び方

❀ 首のところがにぎりやすくなっているので、ふって遊べます。

❀ 後にゴムをぬいつけ、指を入れて、動かすようにします。

17

いたずらワン君

　ねこや犬は，子どもがいちばん最初におぼえる身近な動物です。「ワンワンはどこ？」　お母さんがぬいぐるみを見せて聞いてみましょう。まだ言葉をはなすことはできませんが，お母さんのいっていることがわかります。正しい言葉をおしえるたいせつなときです。

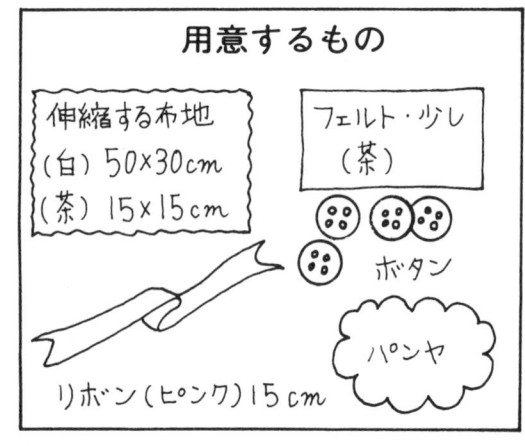

① 耳は中表にぬい，返します。

② 頭の後を2枚あわせてぬいます。

③ 顔2枚と口をぬいあわせます。

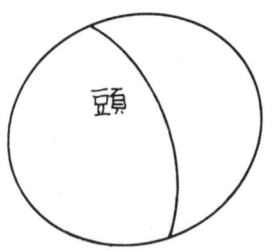

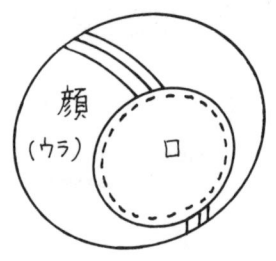

④ 耳をはさんで頭と顔をぬいあわせます。

⑤ 尾2枚をあわせてぬいパンヤをつめます。

⑥ ボディー2枚に尾をはさんでぬいあわせます。

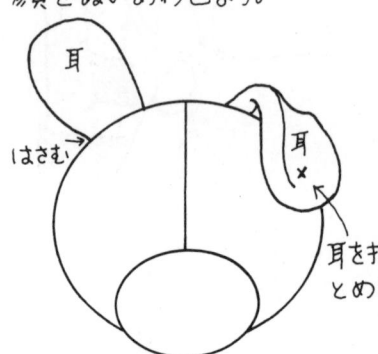

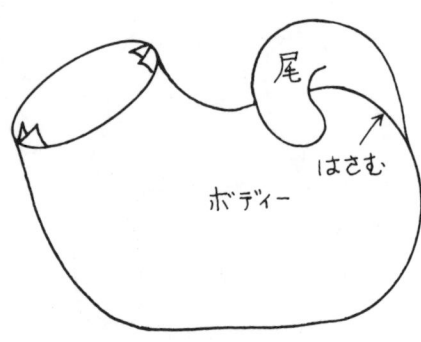

⑦ 前足、後足とも2枚ずつぬいあわせ、パンヤをつめてあき口をとじます。

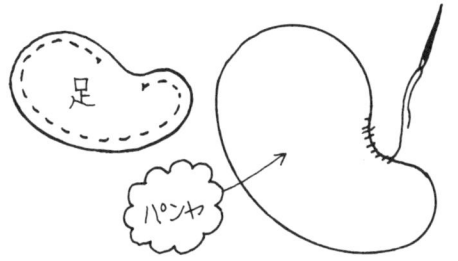

⑧ 頭にパンヤをつめて、ボディーにぬいつけます。

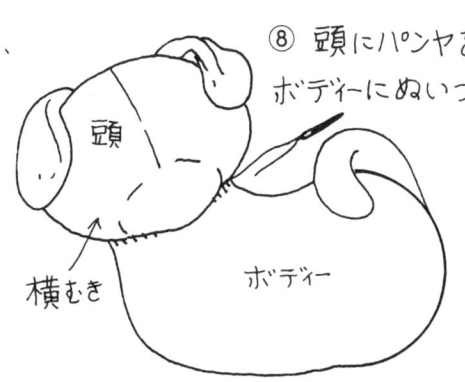

⑨ 足は毛糸針をつかって糸を通し、両端をボタンに結びつけて動くようにします。

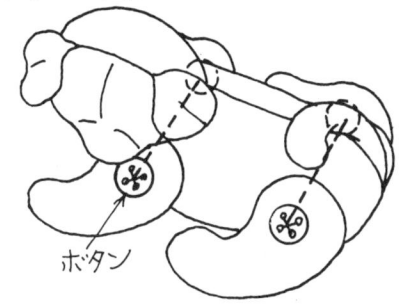

⑩ 顔をつくり、首にリボンをつけます。

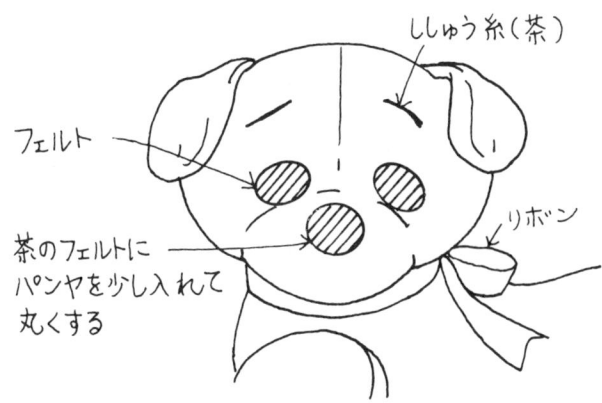

遊び方

❀ 棚の上やテーブルの下にかくして「ワン君は、どこに行ったの？」と聞き赤ちゃんにさがさせましょう。

❀ 立体絵本で遊びましょう。いろいろなぬいぐるみをあつめて、お話しをつくりましょう。

リトル インディアン

　かわいい少女のインディアン。だっこしたり話しかけたりして，絵本や歌で親しまれているインディアンはすぐなかよしになれます。お誕生日には，頭に羽根をたくさんつけてあげましょう。

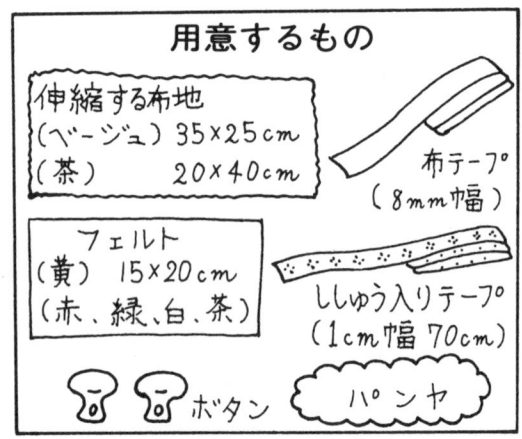

① 顔になる部分を
かみの毛にぬいあわせます。

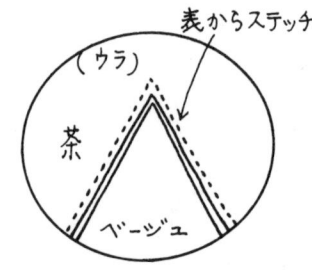

② ①と後の頭の部分を
中表にぬい，表に返して
パンヤをつめます。

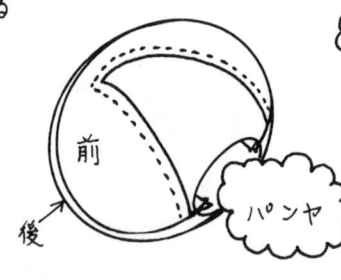

③ ボディー2枚を中表に
ぬい，表に返して パンヤを
つめます。

④ 頭とボディーを
ぬいつけます。

⑤ お下げの髪を
つくります。

⑥ 緑と白のフェルトで
羽根をつくります。

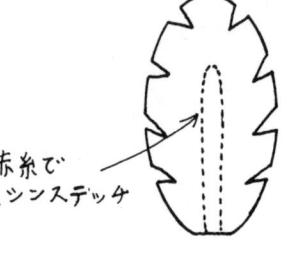

⑦ 羽根を頭の後にぬいつけて、ししゅう入りテープをまきます。

⑧ お下げをとじつけ、顔をつくります。

⑨ 肩と脇をぬって、洋服をつくります。

⑩ ボタンを利用して、ペンダントをつくります。

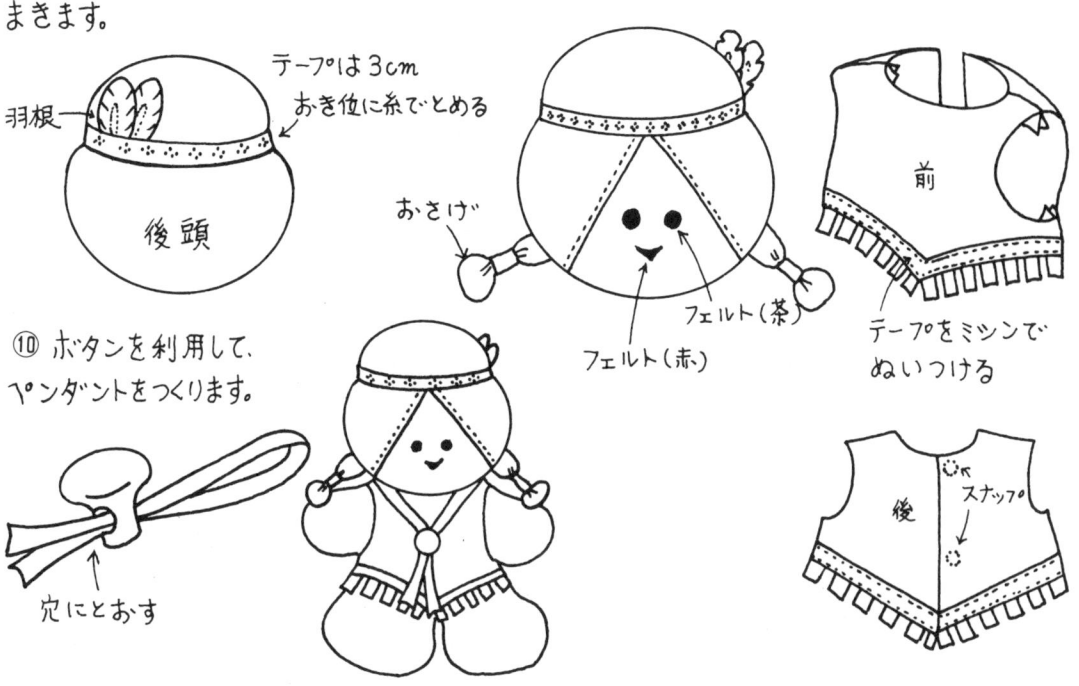

遊び方

❀ 羽根をスナップどめにして、たくさんつけられるようにし、数遊びをしましょう。

❀ 歌をうたったり、お話しをつくったりして、遊びましょう。
かごの中にぬいぐるみを入れて、ひとつずつとり出して相手に見せます。相手の方は見せられたぬいぐるみにちなんだ歌をうたいます。
2人で交互にしてみましょう。

くまの赤ちゃん

　おどけた顔で少し大きめのくまくんは，子どもの大のお気に入りになることでしょう。

　ひも結びのできる子には，着せかえごっこができます。ちがう洋服もつくってあげましょう。

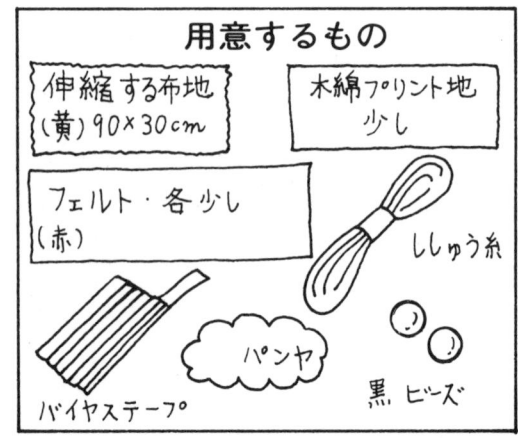

① 耳2枚を中表にぬいます。

② 顔の中央をはぎあわせます。

③ 耳をはさんで頭と顔をぬい，下からパンヤをつめます。

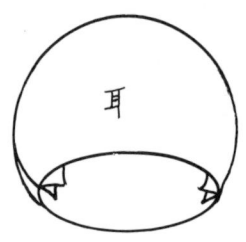

④ 手はボディーにつく部分を残して中表にぬい，パンヤをつめます。

⑤ ボディーに手をはさんでぬいあわせ，パンヤをつめ頭をとじつけます。

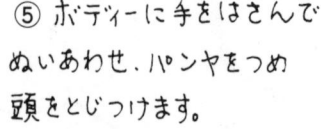

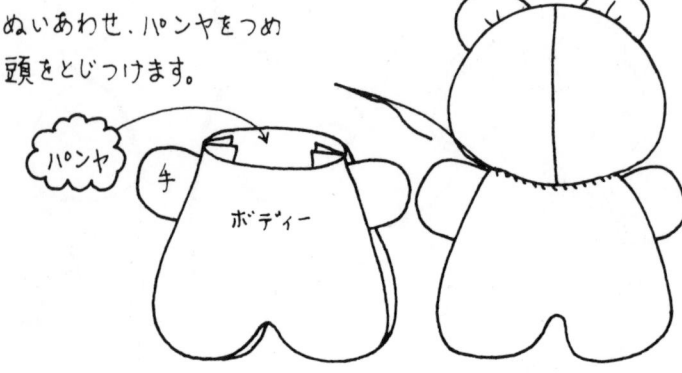

⑥ 顔をつくります。

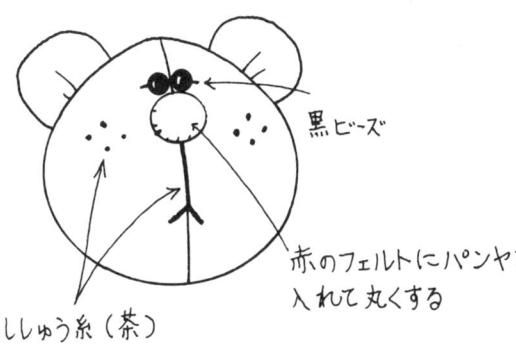

黒ビーズ
赤のフェルトにパンヤを
入れて丸くする
ししゅう糸（茶）

⑦ 洋服をつくります。

後
肩
前
バイヤステープで
ふちどりをする

脇で結ぶ
10cm
後

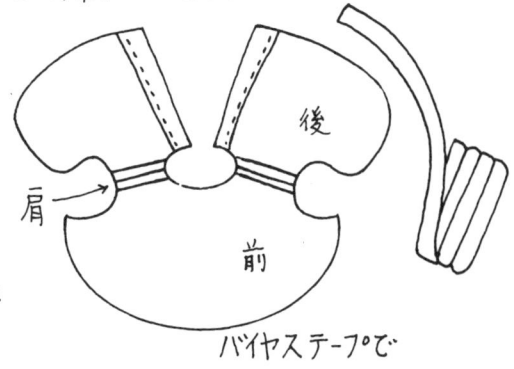

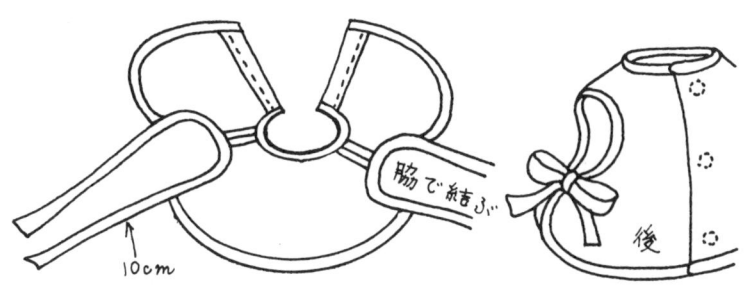

遊び方

❀ いろいろな布で洋服をつくってあげると
着せかえごっこができます。
脇をボタンどめにしてもよいでしょう。

❀ 脇は結ぶようになっているので
ひも結びの練習ができます。

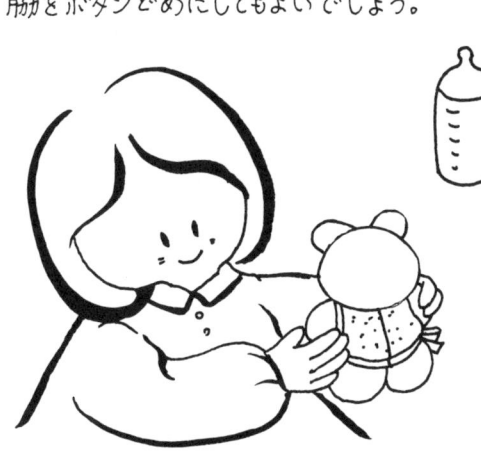

❀ ねかしつけたり、ミルクをのませたり、
赤ちゃんごっこをして遊びましょう。

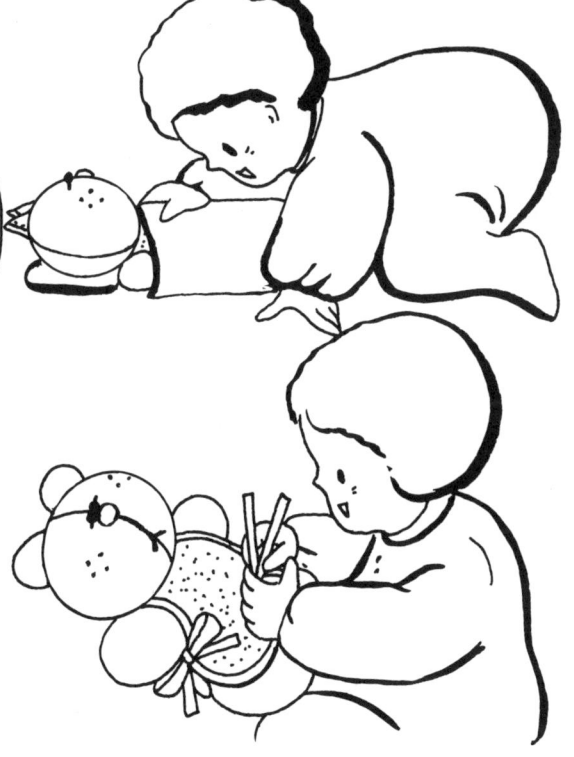

くまのピクニック

Ｔシャツにジーンズをはいたくまさんと，ピクニックにでかけましょう。
お母さんが，サケの入ったおにぎりをつくってくれました。リュックにつめていきましょう。なかよしなくまさんとはいつもいっしょです。

用意するもの

- 伸縮する布地 (ベージュ) 40×60cm (白) 7×7cm
- フェルト (赤、黒、黄、緑 ピンク)
- デニム、30×30cm
- 綿ジャージー (紺) 30×35cm

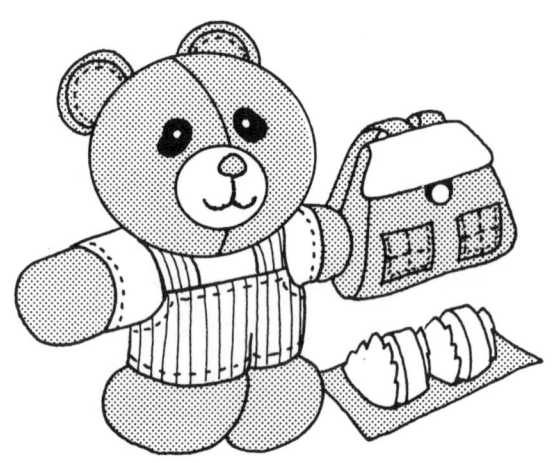

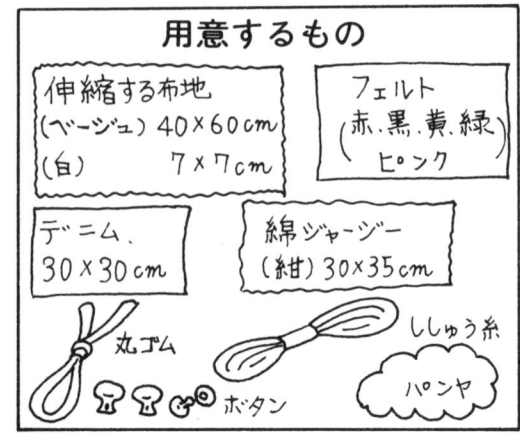

① 耳2枚を中表にぬい表に返してフェルトをのせステッチします。

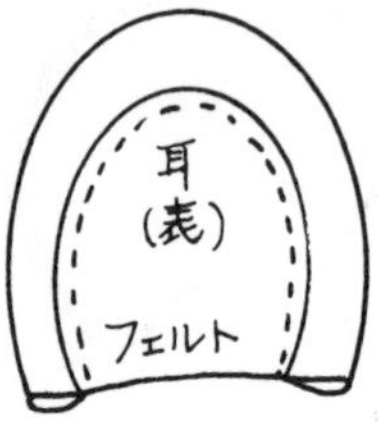

② 顔をぬい、鼻もぬいつけます。

③ 後の頭の中央をはぎ耳をはさんで顔をぬいあわせ、パンヤをつめます。

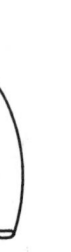

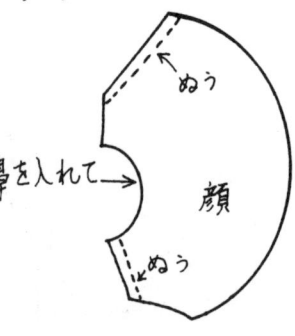

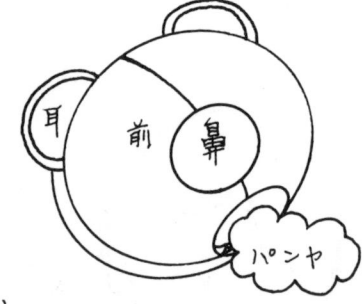

④ 前のボディーは中央をはいで、後とぬいあわせパンヤをつめます。

⑤ 頭とボディーをぬいつけて、顔をつくります。

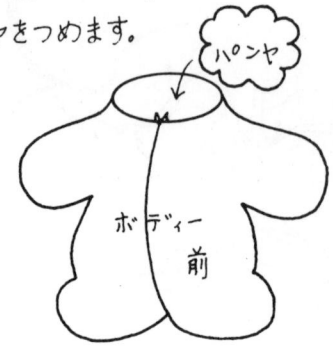

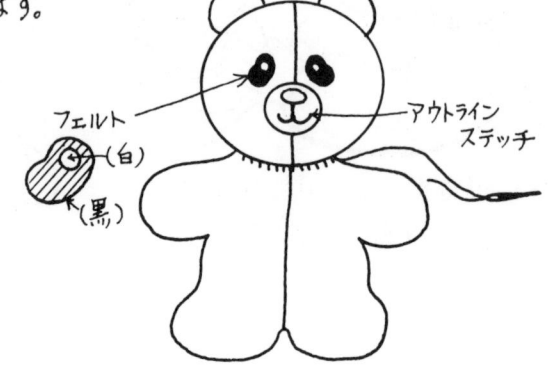

洋服

① 肩と脇、後の打ち合わせと袖をぬいます。

② えりぐりは、バイヤステープでふちどりをし、袖をつけ、後身ごろにスナップをつけます。

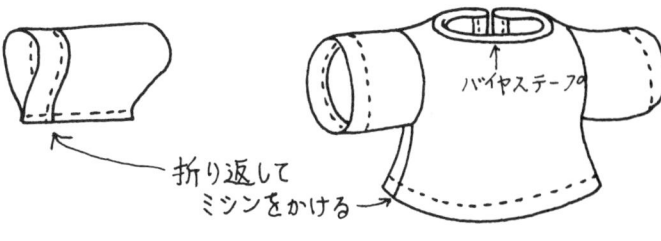

ズボン

① また下、胸あて、背の部分をぬいます。

② 長さ15cm、幅1.2cmのひもを2本つくります。3つ折りにして、ほつれる方を下にし、両端に赤糸でミシンステッチをします。

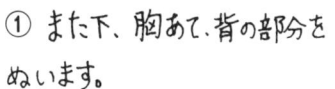
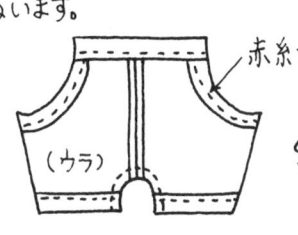

遊び方

❀ おむすびを食べさせてあげましょう。キャンディーやクッキーもつくってあげましょう。

❀ いっしょにピクニックに出かけましょう。リュックの中にはお菓子をつめて。

くまの小物

おむすび

① 2枚の3角形にマチをつけ、表に返して、パンヤをつめます。

② ピンクのフェルトを細かく切ってボンドではりつけます。

③ しその葉を接着剤ではりつけます。

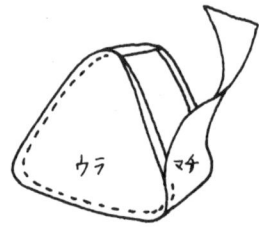
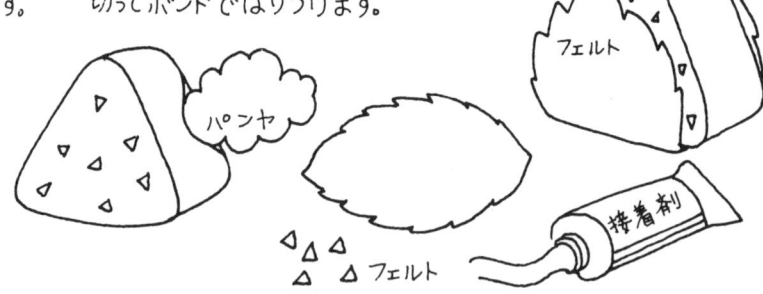

リュックサック

① 赤糸でミシンステッチをしたポケットを袋につけます。

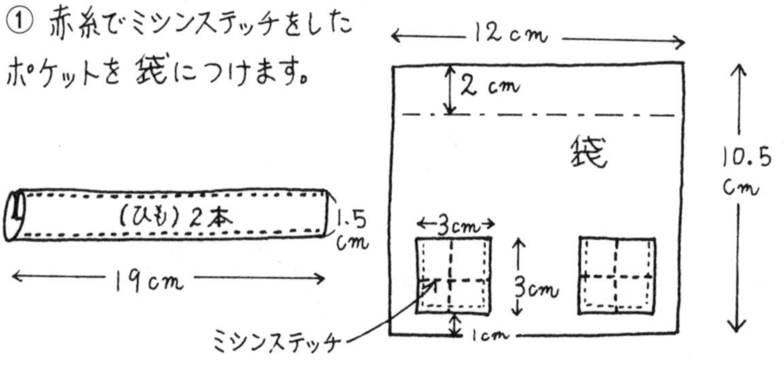

② ふたは中表にぬい表に返してまわりをステッチします。

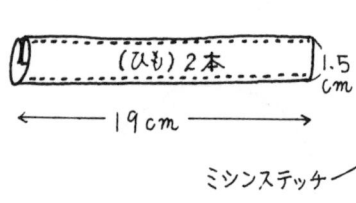
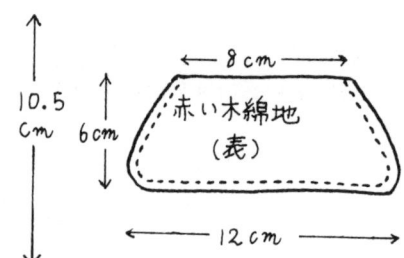

③ 袋2枚を、ひもをはさんで中表にぬい、袋の口を2cm中に折ってぬいます。

④ ふたは、ひもをはさんで袋にぬいつけます。

⑤ 袋の口に丸ゴムを通してボタンとボタンループをつけます。

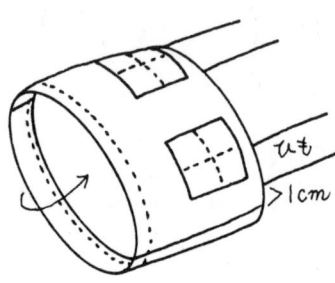
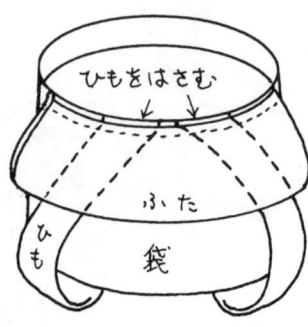
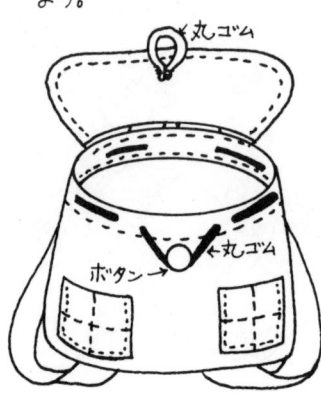

ぬいぐるみさんと
あくしゅ

スミレ P.37
型あそび P.32
つくしんぼの指人形 P.34
ボタンかけくまさん P.28

✽ 指の発達に役立つぬいぐるみ ✽

ボタンかけくまさん

　2歳になったらそろそろ、洋服をぬいだり、着たりすることを、しつけましょう。三本の指（親指、人さし指、中指）がじょうずに使えるようになると、ボタンかけができるようになります。人形を使って練習させましょう。はじめにお母さんがボタンをはずしたり、はめたりしてみせてあげましょう。ボタンは練習しやすいように大きなボタンをつけるとよいでしょう。

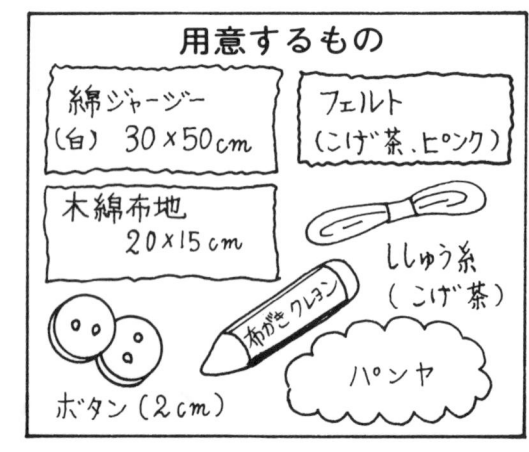

① 洋服の見返し部分をぬいます。

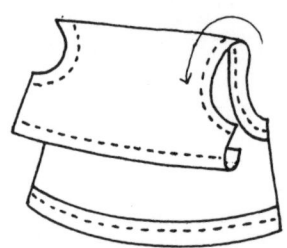

② 前ボディーに洋服をぬいつけます。

③ ベルトを2本つくります。

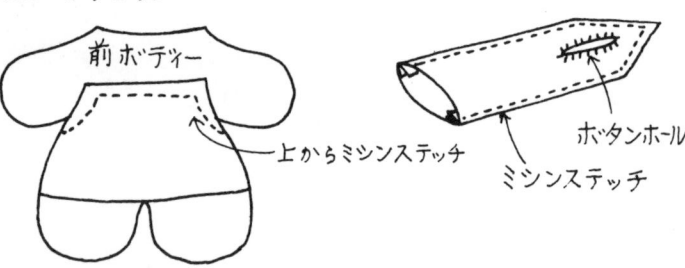

④ 前ボディーに顔をつけベルトをはさんでぬいあわせます。

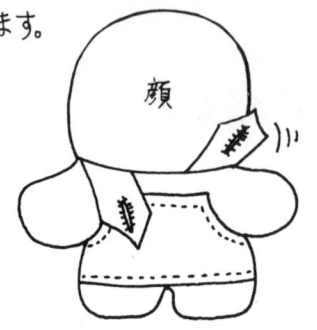

⑤ 後ボディーに洋服と顔をつけます。

⑥ 顔をつくります。

⑦ 耳をつくります。

⑧ ボディーの前と後をあわせてぬい、パンヤをつめて、洋服にボタンをつけます。

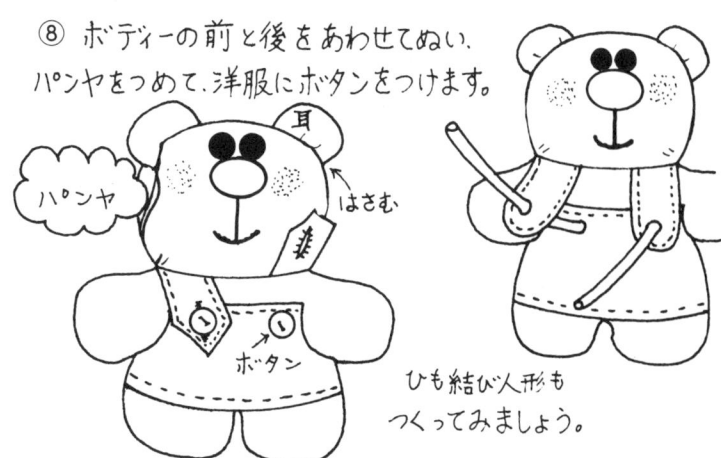

ひも結び人形もつくってみましょう。

遊び方

❀ ボタンかけ遊びをしましょう。2歳位の小さい子どもには、はじめにお手本を見せて、はずすことからおぼえさせましょう。

❀ くまのボタンがじょうずにかけられたらボタンのある洋服を自分で着たり、ぬいだりさせましょう。

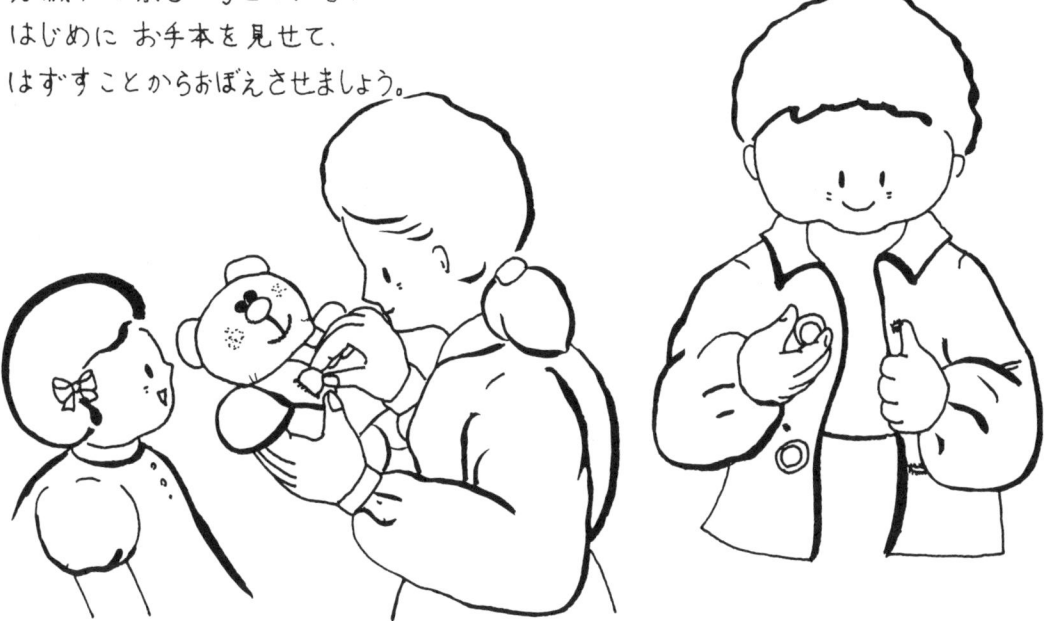

―― 一口メモ ――　　中につめるものについて

種類として、パンヤ、ウレタンチップ、わた、化繊わたなどがありますが、いずれもつめ方としては、一度にいっぱい入れるとすみずみまできれいに入りません。つめ口は少し広めにして、少しずつ型を整えながらつめます。手足のように細かい部分は、針などを使ってすみまで入れるようにします。

花の首飾り

　2歳位の子どもに，赤や黄色のきれいなお花で，ひも通しの練習をさせてあげましょう。じょうずにできるようになったら，花と花をたくさんつないで首飾りにしたり，お花やさんごっこをしたり，色によって花をわけて色遊びをしたり，遊びがつぎつぎに展開していきます。

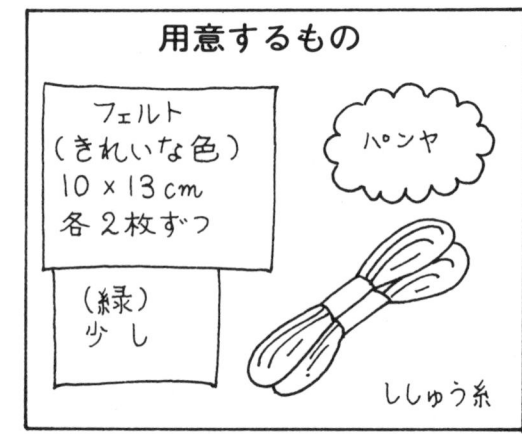

① 葉はブランケットステッチでとじながらパンヤをつめます。

② 花は2枚あわせて 穴をブランケットステッチでさし，パンヤを入れながらまわりをとじます。

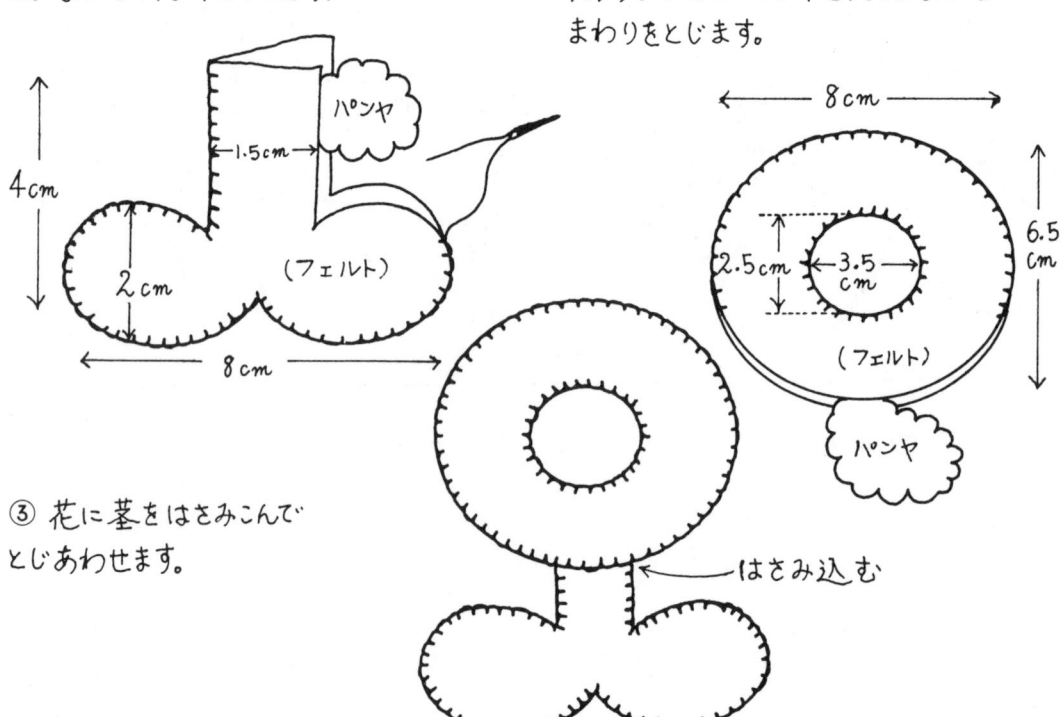

③ 花に茎をはさみこんでとじあわせます。

遊び方

❀ 最初のひとつにひもを結んでおきます。

ひとつ、ふたつと数をかぞえながら
穴の中にひもを通していきます。

ひも

❀ お母さんが 色の指示をしてあげて、
その花の色を選ばせたり、
色の順番を決めてひもを通したり
しましょう。

❀ 穴の中に葉を入れてつないでいきます。

たくさんつないで 輪にすると
花の首飾りや、ベルトにもなります。

❀ いろいろな形の花を
つくってみましょう。

安全ピンをつける

31

型あそび

花の首飾りの応用です。

赤ちゃんは，形より色の方に興味をおぼえますが，2歳をすぎると形体感覚も発達しますので，丸，三角，四角などの分類ができるようになります。

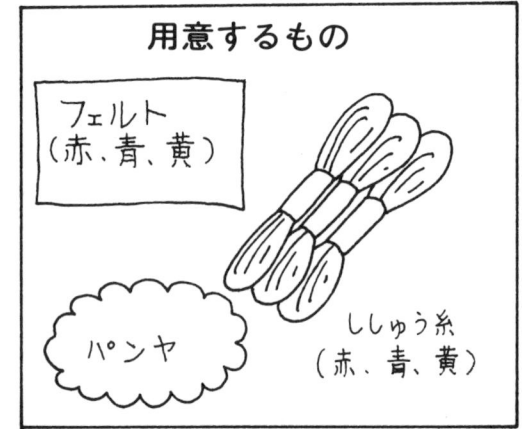

用意するもの
- フェルト（赤、青、黄）
- ししゅう糸（赤、青、黄）
- パンヤ

① 型を2枚ずつつくります。

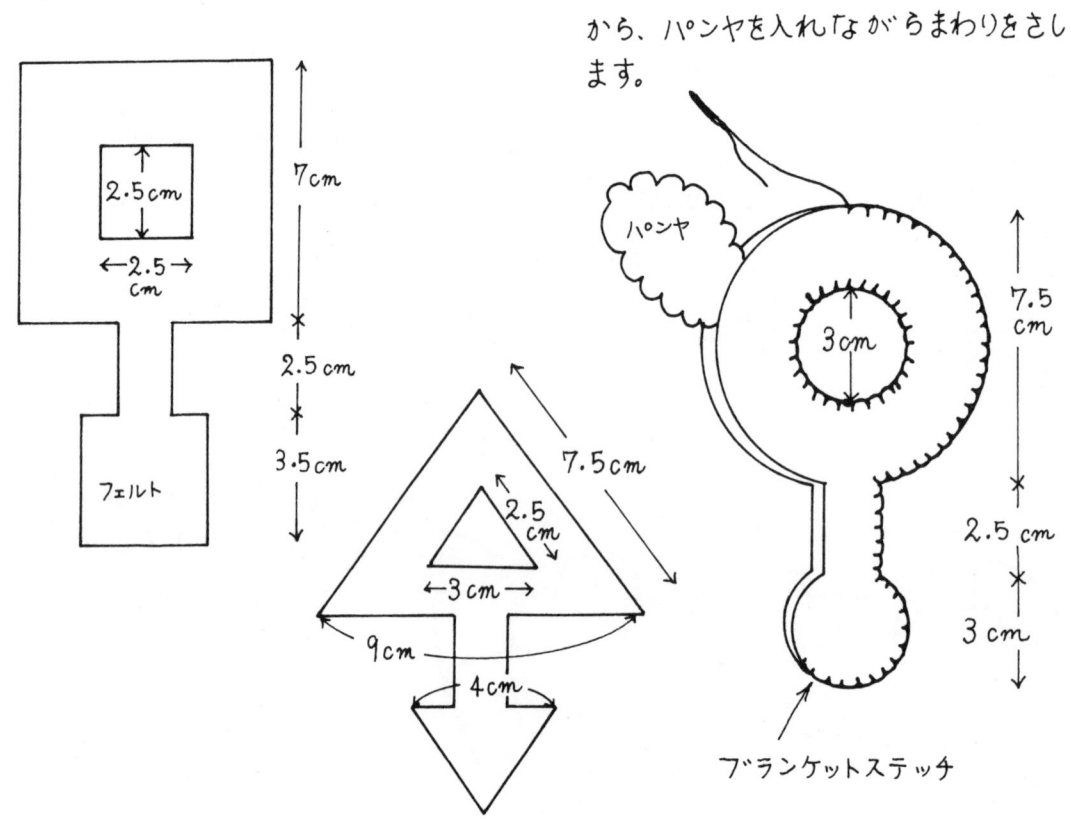

② 穴をさきにブランケットステッチでさしてから、パンヤを入れながらまわりをさします。

フェルト

7cm / 2.5cm / 2.5cm / 3.5cm

7.5cm / 2.5cm / 3cm / 9cm / 4cm

パンヤ

3cm / 7.5cm / 2.5cm / 3cm

ブランケットステッチ

遊び方

❀ 花の首飾りと同じように
ひもを通したり、つないだりできます。

❀ 四角だけ通したり、丸だけ通したり
にた色をそろえて通したりしましょう。

型を順につないでみましょう。

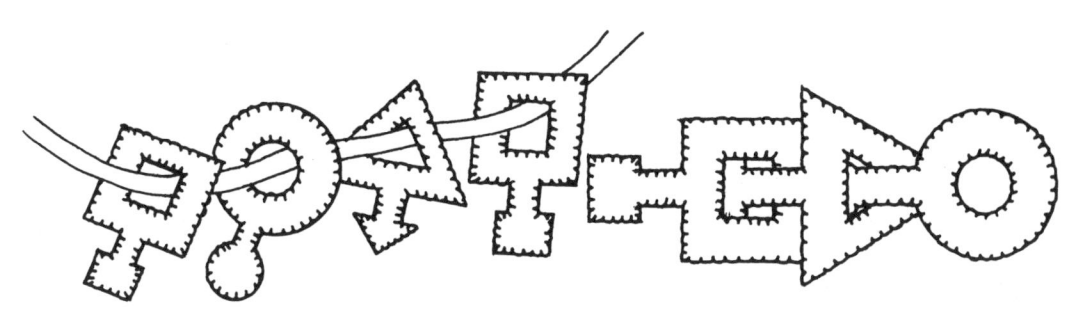

❀ たくさんの型を並べておきます。
いくつ同じ型のものがあるか
数を数えさせます。

❀ 型分け遊びをしましょう。
四角、三角、丸の箱を用意して
それぞれの形にあった箱へ
入れさせます。

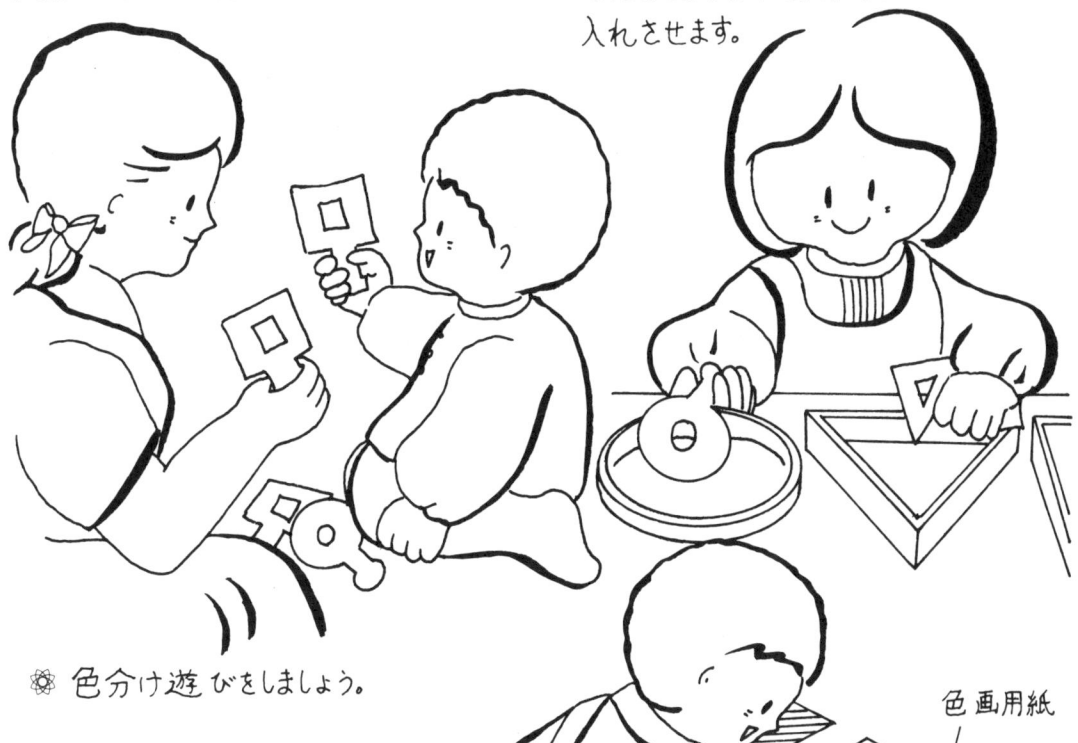

❀ 色分け遊びをしましょう。

机の上に赤、青、黄の
色画用紙をおいて、
同じ色の型を集めさせます。

色画用紙

つくしんぼの指人形

　両手の10本の指で赤ちゃんは数をおぼえます。はじめは5本の指を同時に動かしていた手も，やがて1本1本の指を動かして指遊びができるようになります。
　つくしんぼの指人形で，数遊びをしたり，色を教えたり，また楽しいお話も考えてみましょう。

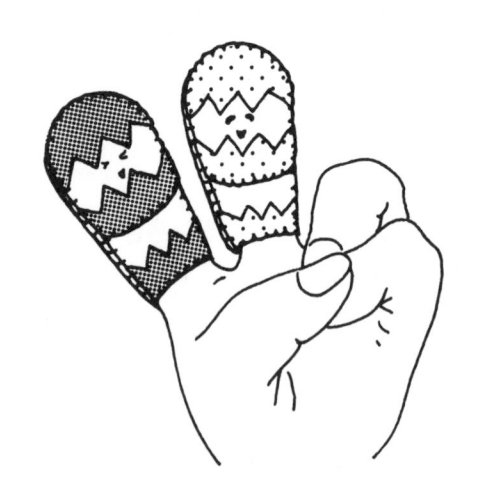

用意するもの

フェルト．各少し．
（はだ色，茶，青，赤，緑）
他，どんな色でもよい．

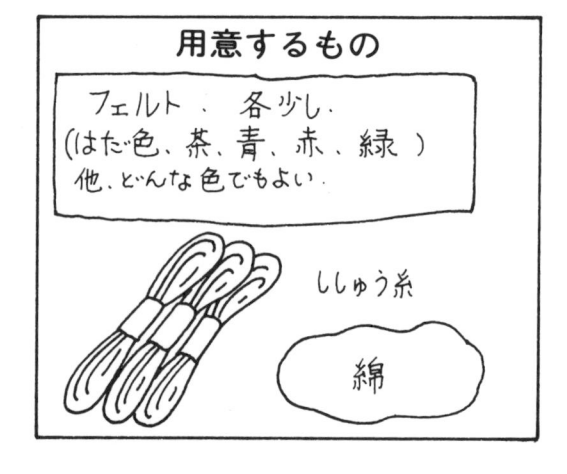

ししゅう糸

綿

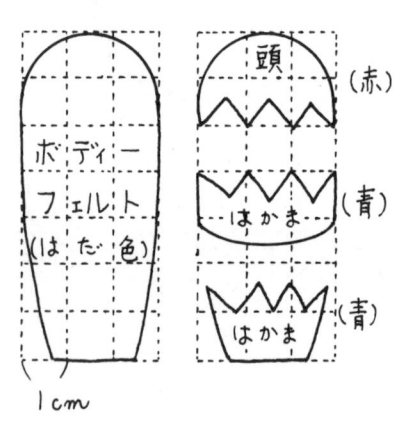

ボディーフェルト（はだ色）

頭（赤）

はかま（青）

はかま（青）

1cm

① はかまと目と口をボディーにつけます。

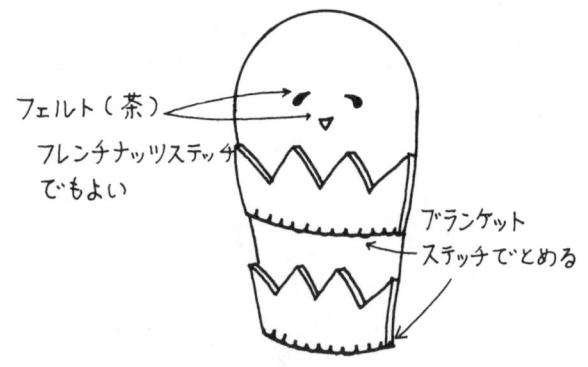

フェルト（茶）
フレンチナッツステッチでもよい
ブランケットステッチでとめる

② 頭とボディー2枚をあわせてまわりをブランケットステッチでとじます。

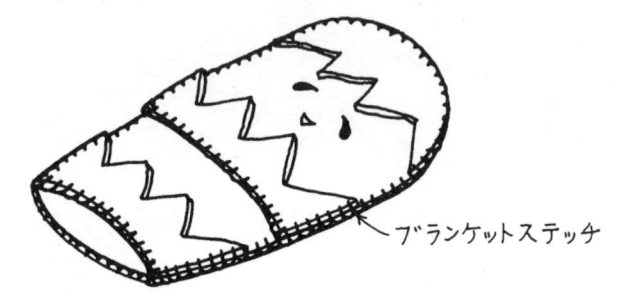

ブランケットステッチ

③ 頭の先に綿を少しつめます。

綿

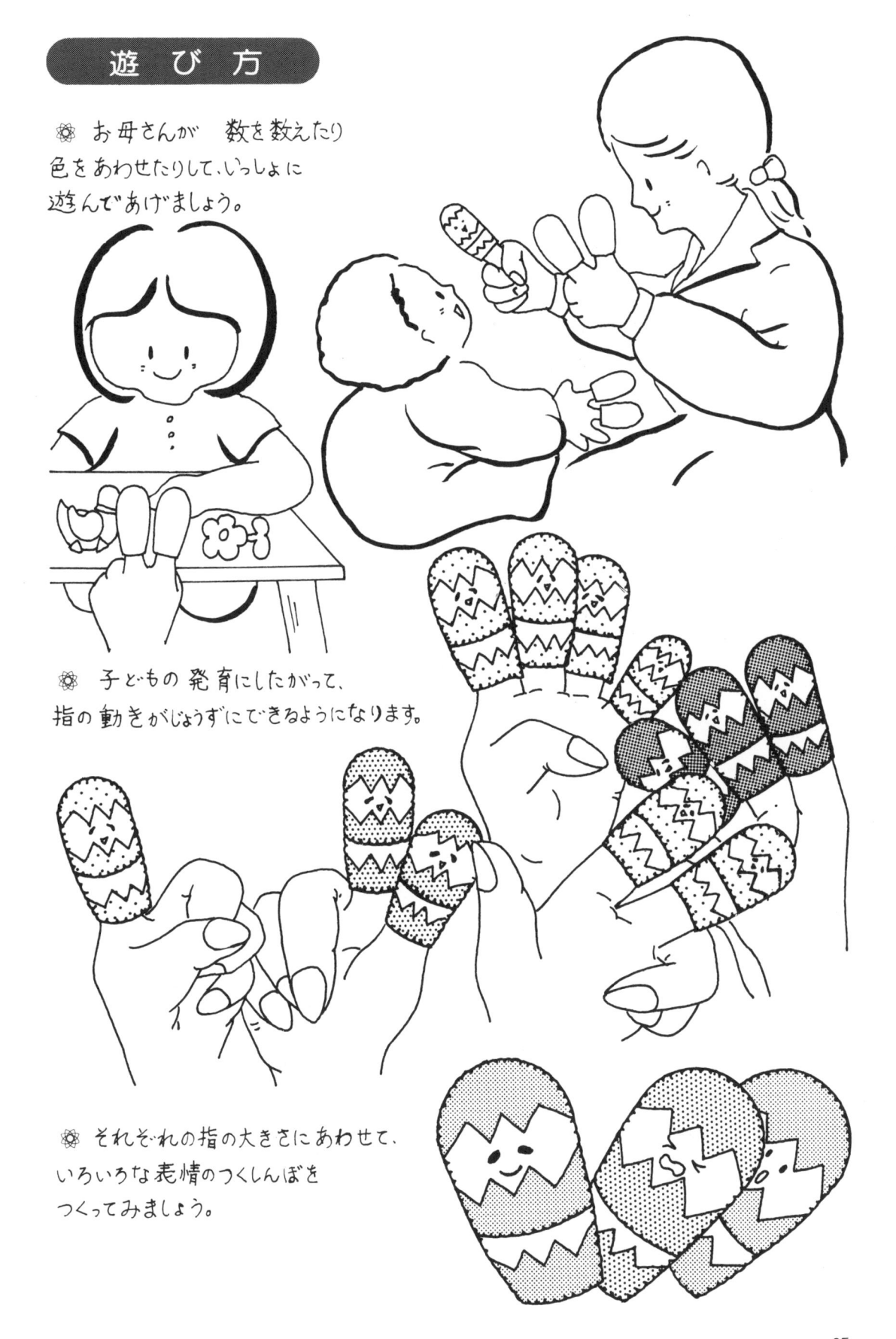

遊び方

❀ お母さんが 数を数えたり 色をあわせたりして、いっしょに 遊んであげましょう。

❀ 子どもの発育にしたがって、 指の動きがじょうずにできるようになります。

❀ それぞれの指の大きさにあわせて、 いろいろな表情のつくしんぼを つくってみましょう。

花の指人形

つくしんぼといっしょに，きれいなお花の指人形をつくりましょう。

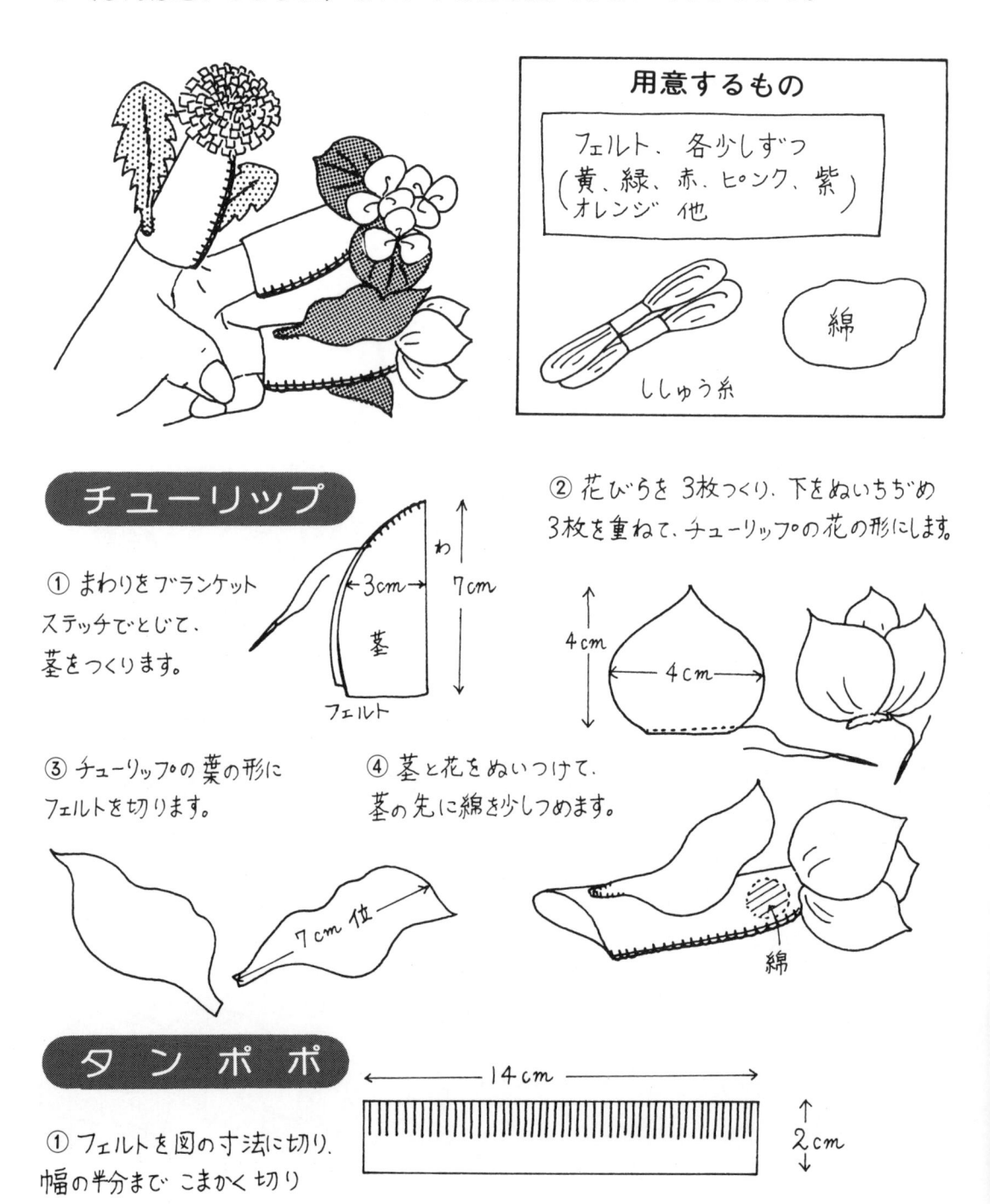

用意するもの

フェルト、各少しずつ
（黄、緑、赤、ピンク、紫）
オレンジ　他

ししゅう糸

綿

チューリップ

① まわりをブランケットステッチでとじて、茎をつくります。

わ　3cm　7cm　茎　フェルト

② 花びらを3枚つくり、下をぬいちぢめ3枚を重ねて、チューリップの花の形にします。

4cm　4cm

③ チューリップの葉の形にフェルトを切ります。

7cm 位

④ 茎と花をぬいつけて、茎の先に綿を少しつめます。

綿

タンポポ

① フェルトを図の寸法に切り、幅の半分まで こまかく切り込みを入れます。

14cm　2cm

② 花びらを2枚きり、くるくるまいて、うらからとじます。

③ 図の形の葉を2枚つくり、アウトラインステッチします。

④ チューリップと同じ茎をつくり、花と葉をぬいつけます。

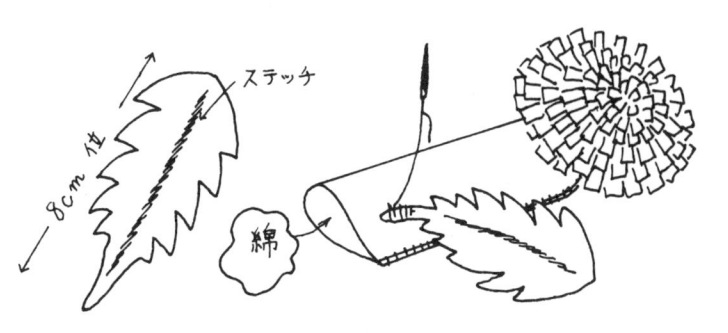

（ウラ）

ステッチ
8cm位
綿

スミレ

① 3色のフェルトで3枚ずつ花びらをつくり、ぬいとめます。

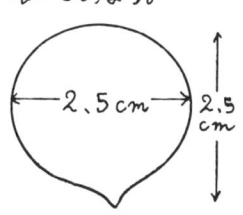

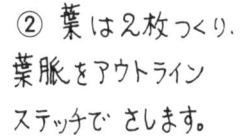

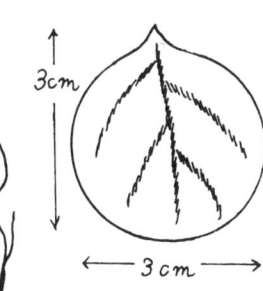

2.5cm　2.5cm

② 葉は2枚つくり、葉脈をアウトラインステッチでさします。

3cm
3cm

③ 花と葉を茎に配置よくぬいつけます。

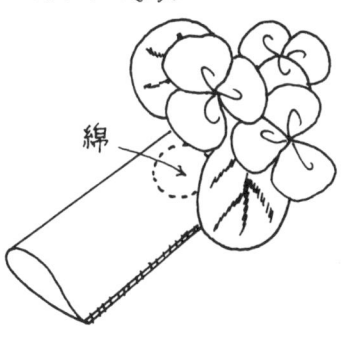

綿

遊び方

❀ みんなで指人形をつかってお話ごっこをしてみましょう。

はれたりくもったり

　幼稚園や保育園の教室の入口にパネルをつくっておきましょう。朝，今日のお天気を貼りつけます。みんなで，スナップをとめたり，ボタンかけをしたりすると，気候のことなどにいっそう興味がひろがります。

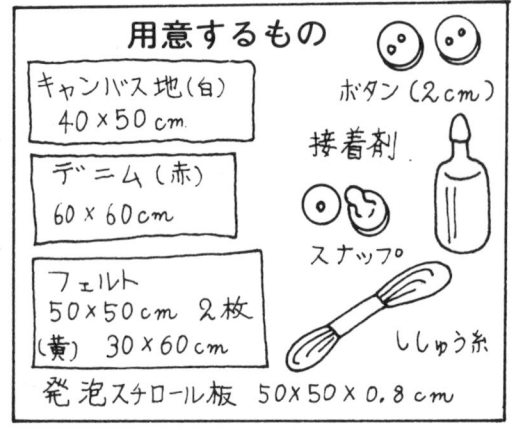

用意するもの

- キャンバス地（白）40×50cm
- デニム（赤）60×60cm
- フェルト 50×50cm 2枚（黄）30×60cm
- 発泡スチロール板 50×50×0.8cm
- ボタン（2cm）
- 接着剤
- スナップ
- ししゅう糸

① 太陽と雲は2枚たち中表にぬいます。

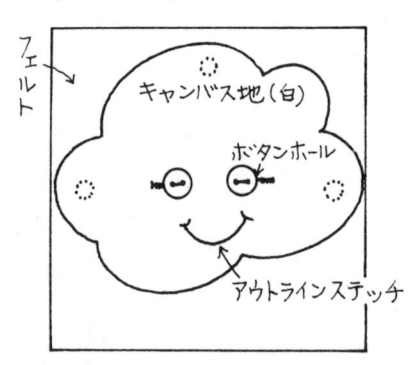

② 傘はフェルト2枚重ねてブランケットステッチします。

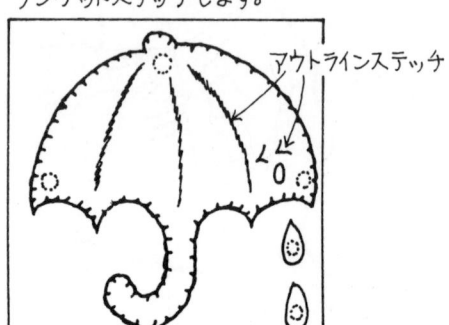

③ それぞれをつくって、スナップやボタンの位置をきめたら、フェルトにスナップとボタンをぬいつけて、うらに接着剤でスチロールボードをはりつけます。

くもりと雨は、1枚の台紙で兼用できるように、ボタンの位置をきめます。

遊び方

❀　ボタンかけや スナップどめは、
指先がじょうずに使えるようになる練習です。
楽しみながら、ボタンかけがじょうずになります。

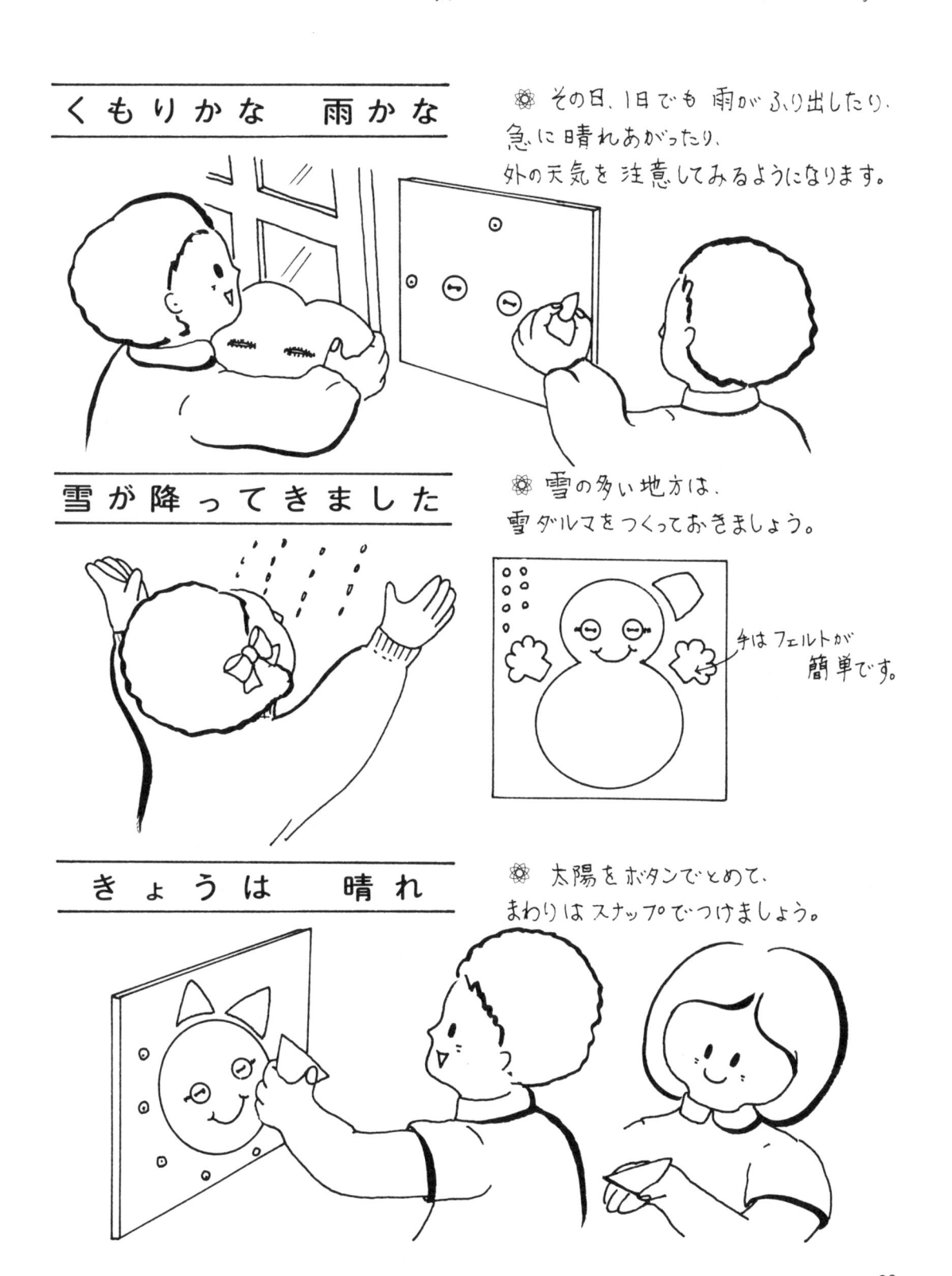

くもりかな　雨かな

❀　その日、1日でも 雨がふり出したり、
急に 晴れあがったり、
外の天気を 注意してみるようになります。

雪が降ってきました

❀　雪の多い地方は、
雪ダルマをつくっておきましょう。

手はフェルトが
簡単です。

きょうは　晴れ

❀　太陽をボタンでとめて、
まわりはスナップでつけましょう。

動物お手玉

　少しの布でつくることができるお手玉は，投げたり，手のひらの上ではずませたりします。
　遠くになげる練習もさせてみましょう。うさぎやくまの頭がおじぎをしたり，楽しいお手玉です。

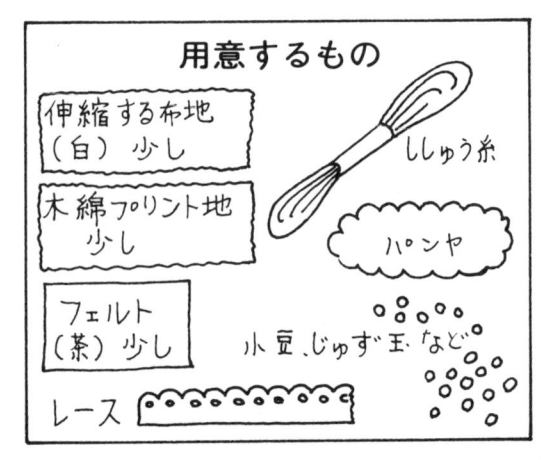

用意するもの

- 伸縮する布地（白）少し
- 木綿プリント地 少し
- フェルト（茶）少し
- レース
- ししゅう糸
- パンヤ
- 小豆、じゅず玉など

① 耳は伸縮する布地とプリント地2枚を中表にぬいます。

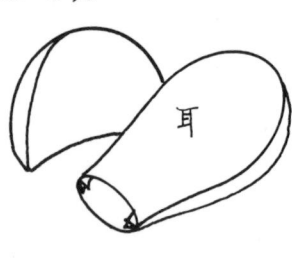

② 耳をはさんで、頭4枚をはぎあわせ、パンヤをつめます。
（くま）（うさぎ）内側にまるめる
パンヤ

③ 袋になるプリント地にレース飾りをつけ、中表にぬいあわせた手をはさんで輪にします。
手　ミシン　切り込み

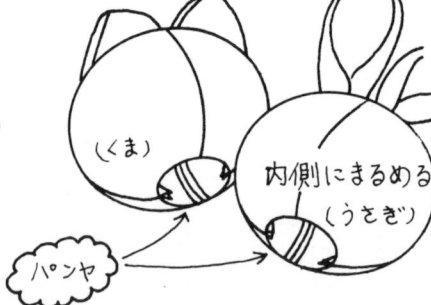

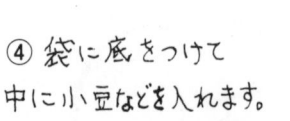

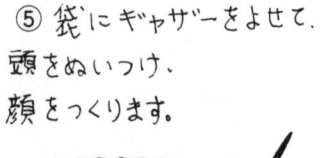

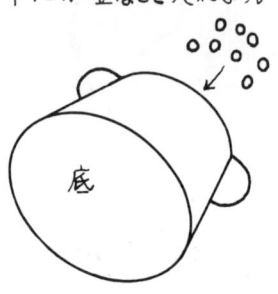

④ 袋に底をつけて中に小豆などを入れます。
底

⑤ 袋にギャザーをよせて、頭をぬいつけ、顔をつくります。
袋　フェルト

遊び方

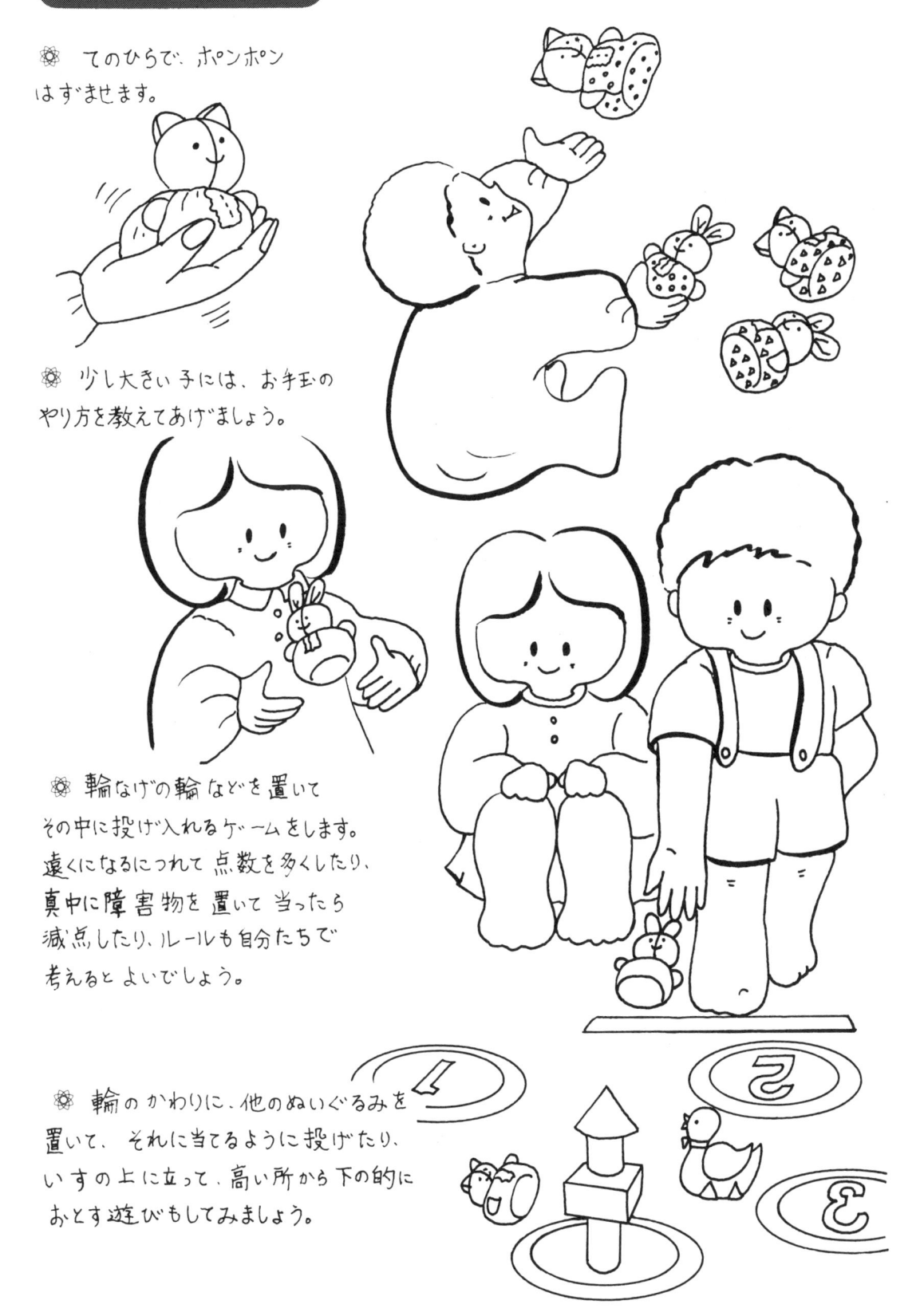

※ てのひらで、ポンポン はずませます。

※ 少し大きい子には、お手玉の やり方を教えてあげましょう。

※ 輪なげの輪などを置いて その中に投げ入れるゲームをします。 遠くになるにつれて点数を多くしたり、 真中に障害物を置いて当たったら 減点したり、ルールも自分たちで 考えるとよいでしょう。

※ 輪のかわりに、他のぬいぐるみを 置いて、それに当てるように投げたり、 いすの上に立って、高い所から下の的に おとす遊びもしてみましょう。

※ 赤ちゃんは、投げて遊びます。

音がするサヤエンドウ

ファスナーを開くとカラフルな豆が五個入っています。ひとつだけ鈴の入った豆を入れておきます。子どもは，音あて遊びや入れたり出したりが大好きです。「ひとつ」，「ふたつ」と声を出して数えさせましょう。

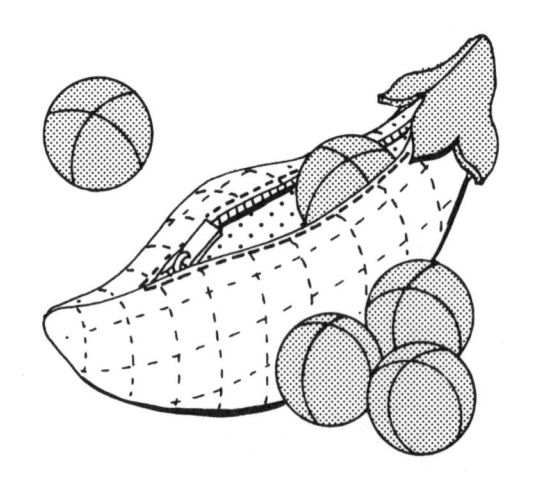

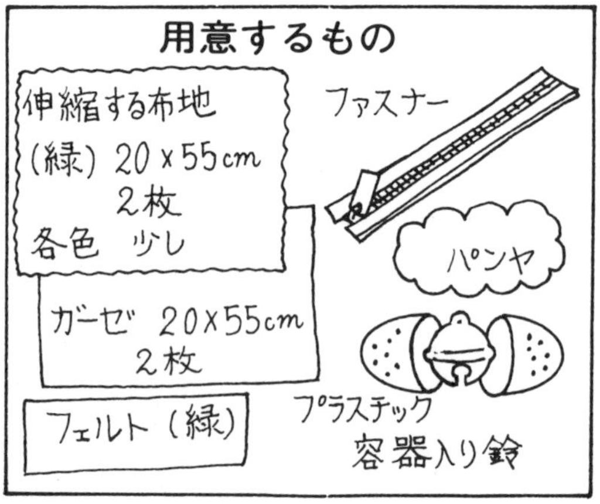

用意するもの
- 伸縮する布地（緑）20×55cm 2枚
- 各色 少し
- ガーゼ 20×55cm 2枚
- フェルト（緑）
- ファスナー
- パンヤ
- プラスチック容器入り鈴

① 布地にうすく綿をしき、ガーゼを上にのせて、ミシンステッチで4cm四方にキルティングします。（格子縞）――2枚ずつ

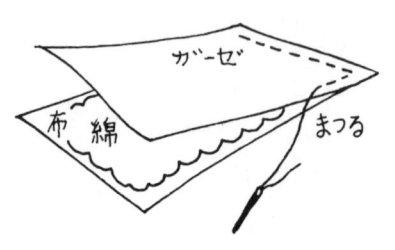

② ①をたち、2枚を中表にぬいあわせ、まわりをほつれないようにかがります。

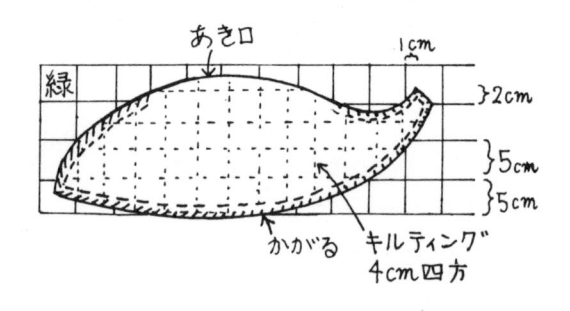

③ ファスナーとヘタをつけます。

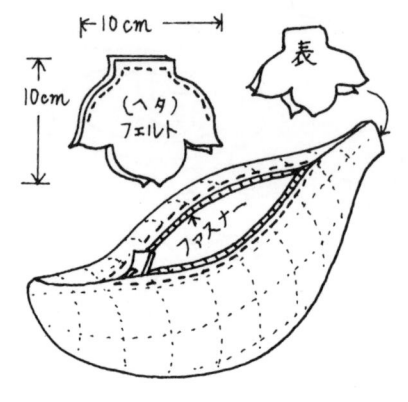

④ 豆は4枚をはぎあわせ、パンヤをつめひとつだけに鈴を入れます。（5個つくります。）

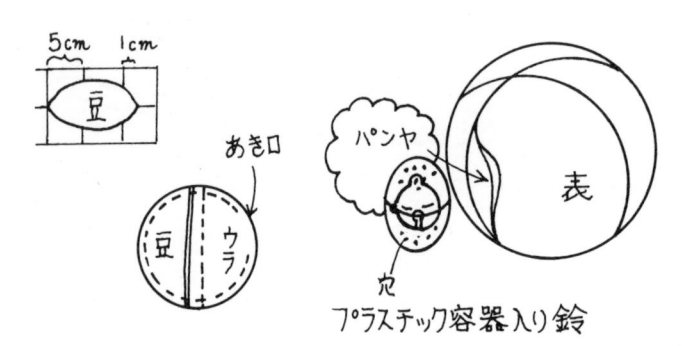

遊び方

❋ ひとつだけ鈴の音がする豆があるので、ひとつひとつ取り出すのが楽しみです。数を数えながら出し入れさせましょう。

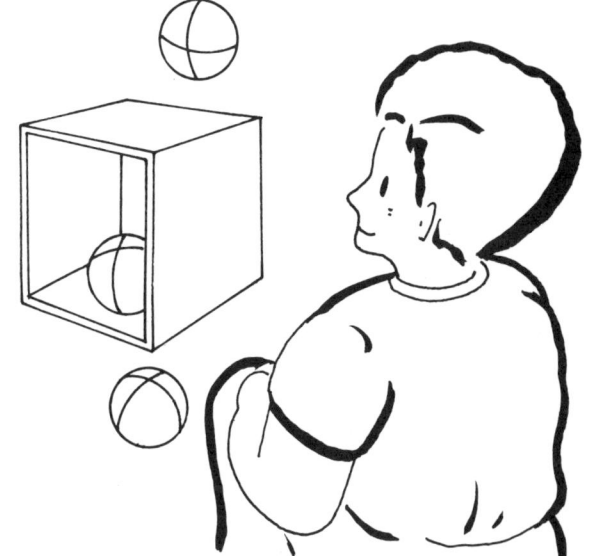

❋ あき箱を利用して、お母さんとボールがいくつ入るか競争してみましょう。

❋ ファスナーの開け閉めは、子どもがよろこびます。しっかりファスナーをつけておきましょう。

はじめは、お母さんがファスナーを開け閉めして、お手本を見せてあげましょう。

割れるスイカ

大きな大きなスイカです。オープンファスナーを開いて，二つに割り，のこりの半分を三つに割って，みんなでなかよく食べましょう。じょうずにもとのまるい形につくる遊びもたいせつでしよう。

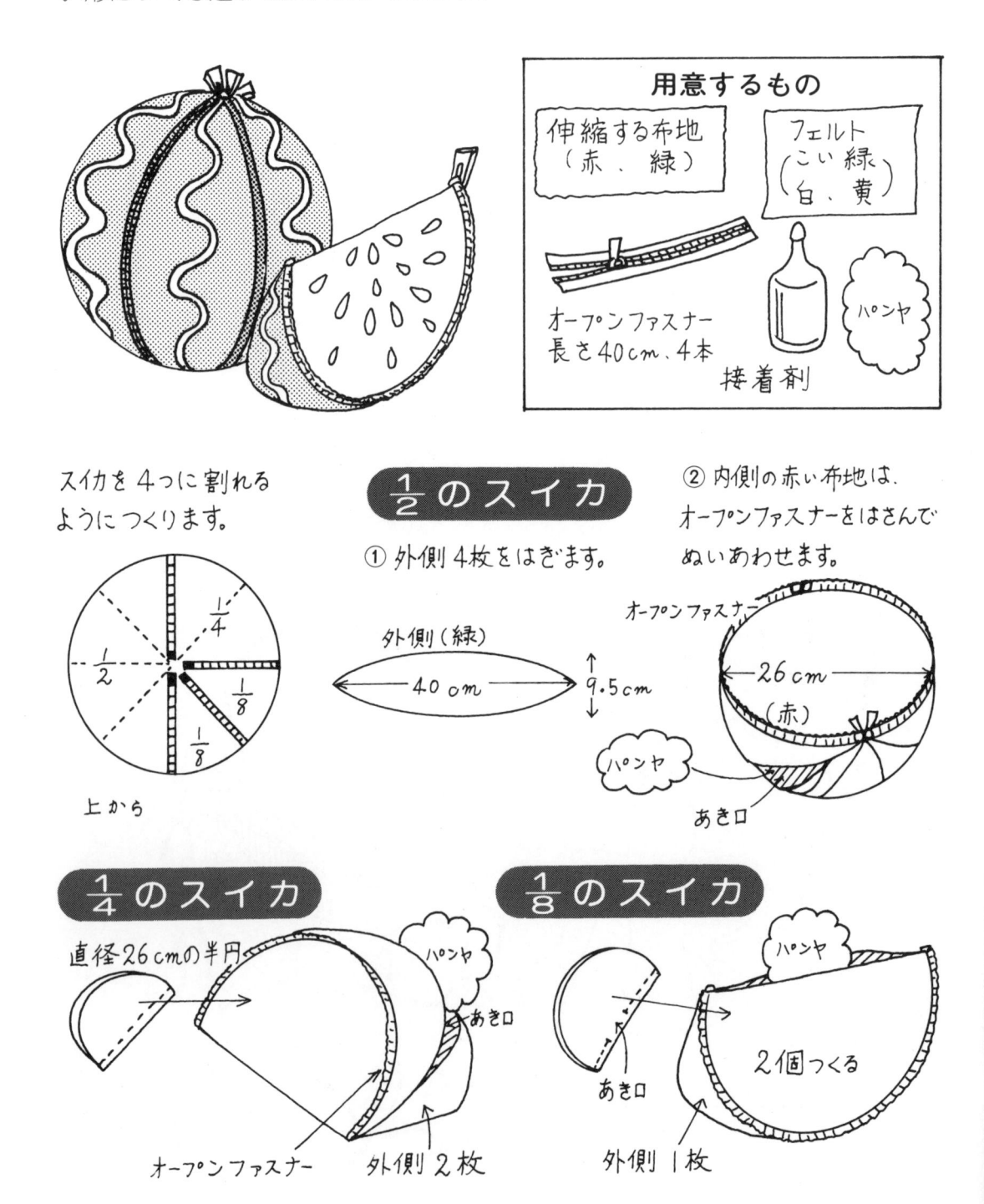

用意するもの

- 伸縮する布地（赤、緑）
- フェルト（こい緑、白、黄）
- オープンファスナー 長さ40cm，4本
- 接着剤
- パンヤ

スイカを4つに割れるようにつくります。

上から （1/2、1/4、1/8、1/8）

1/2 のスイカ

① 外側4枚をはぎます。

外側（緑） 40cm × 9.5cm

② 内側の赤い布地は，オープンファスナーをはさんでぬいあわせます。

オープンファスナー 26cm（赤）
パンヤ
あき口

1/4 のスイカ

直径26cmの半円
パンヤ
あき口
オープンファスナー
外側2枚

1/8 のスイカ

パンヤ
あき口
2個つくる
外側1枚

できあがり

はぎ目の上にこい緑のフェルト(1cm幅)をぬいつけます。
中央に5mm幅の白いフェルトを波形にぬいつけます。

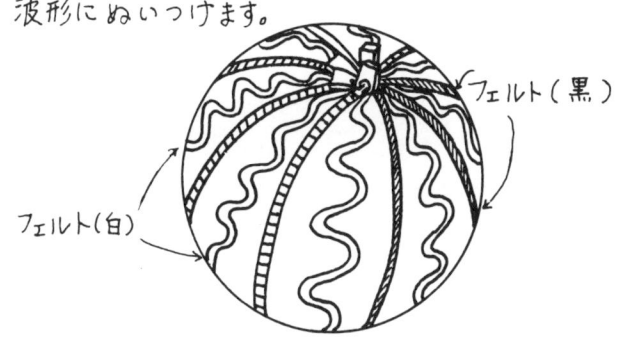

フェルト(白)
フェルト(黒)

黄と白のフェルトで種をつくり接着剤ではりつけます。

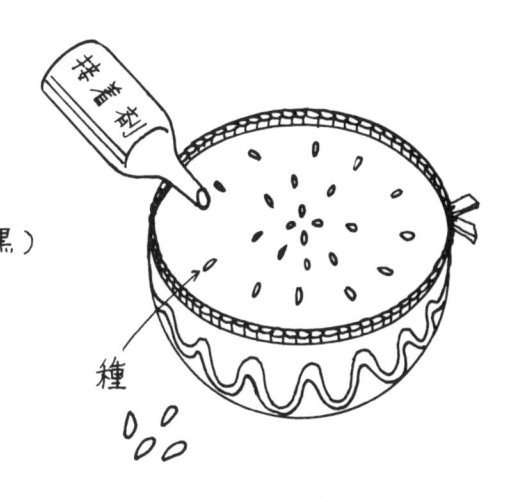

種

遊び方

❀ ぬいぐるみの人形に食べさせるまねをして、ままごと遊びをしましょう。

❀ オープンファスナーの開け閉めは、お母さんがはじめにやってみせましょう。

おいしい果物

皮がむけるミカンと,ひとつひとつ取れる大きな粒のマスカットです。マジックテープがついている皮と粒は,取ったり,つけたりすることができます。友だちとなかよく分けて遊んだり,10まで数えられるようにしましょう。

ミカン

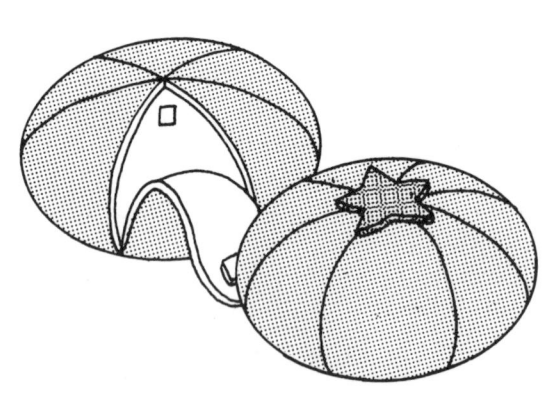

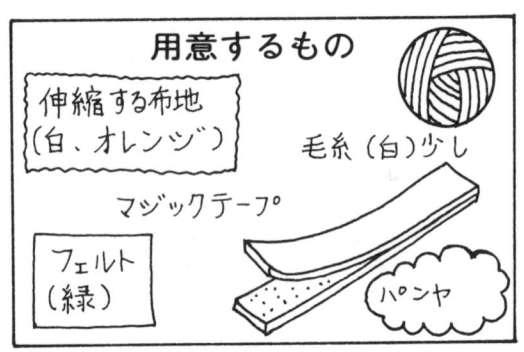

用意するもの
- 伸縮する布地（白、オレンジ）
- 毛糸（白）少し
- マジックテープ
- フェルト（緑）
- パンヤ

①ミカンの中身は6枚はぎあわせます。
- わ
- 中身（オレンジ）
- 1cm

②パンヤを入れて、あき口を糸でぬいしぼります。
- マジックテープ
- パンヤ

③はぎ目に毛糸でステッチを入れて、マジックテープをつけます。
- アウトラインステッチ

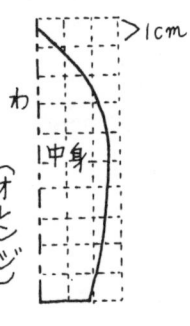

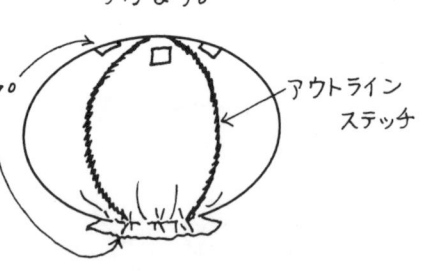

④ミカンの皮は、オレンジ色と白 2枚ずつぬいあわせます。
- オレンジ
- （白）
- 5cm
- 13cm
- あき口

⑤皮6枚を図のようにぬいあわせます。
- フェルト（緑）
- ヘタ

⑥内側にマジックテープをぬいつけます。
- マジックテープ（やわらかい方）
- 5cm
- 内側（白）

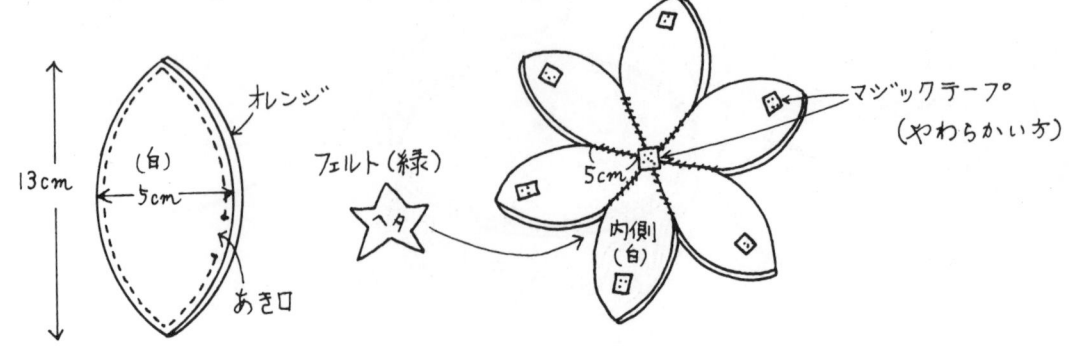

遊び方

❀ ブドウの粒は 10個つくり、数を数えながら取ったり、つけたりして遊びましょう。

❀ 上からブドウをつるして、ひとつぶずつ取っていくゲームをしてみましょう。

❀ じょうずにミカンの皮をむきましょう。

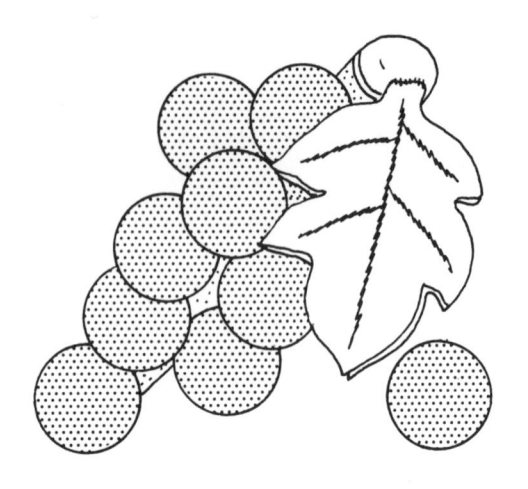

ブドウ

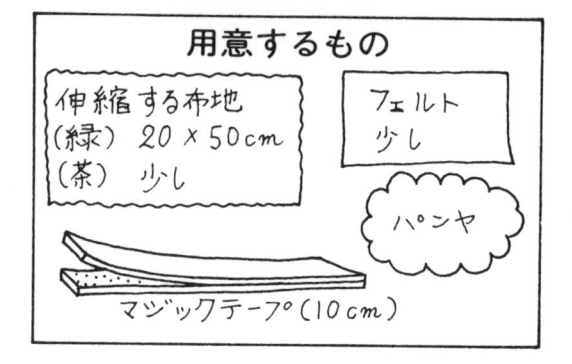

用意するもの
- 伸縮する布地
  - (緑) 20×50cm
  - (茶) 少し
- フェルト 少し
- パンヤ
- マジックテープ (10cm)

① まわりをぬいちぢめてパンヤを入れます。

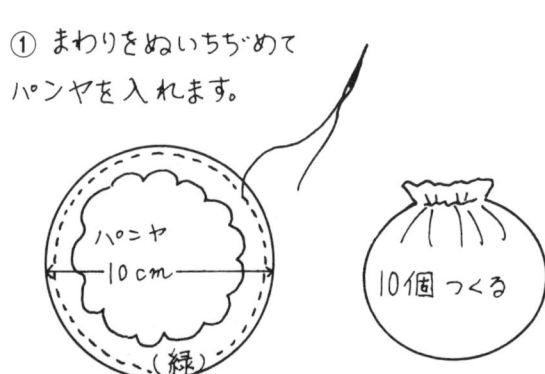

パンヤ 10cm (緑)

10個つくる

② かたい方のマジックテープを1cmに切って、しぼり口のところにぬいつけます。

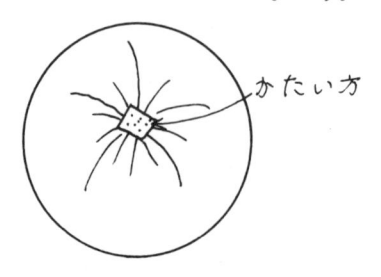

かたい方

③ 芯棒はマジックテープをミシンでぬいつけてから円筒形にします。

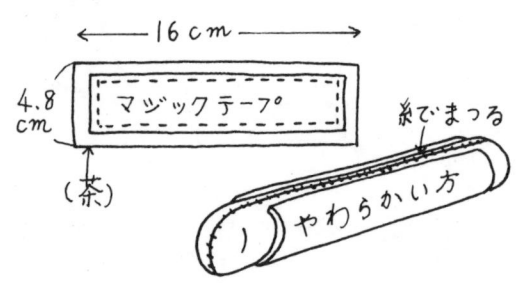

16cm
4.8cm
マジックテープ
(茶)

糸でまつる
やわらかい方

④ 葉をつくって芯にぬいつけます。

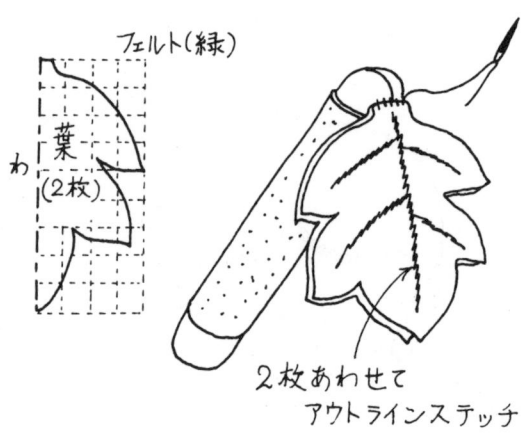

フェルト(緑)
わ
葉 (2枚)

2枚あわせて
アウトラインステッチ

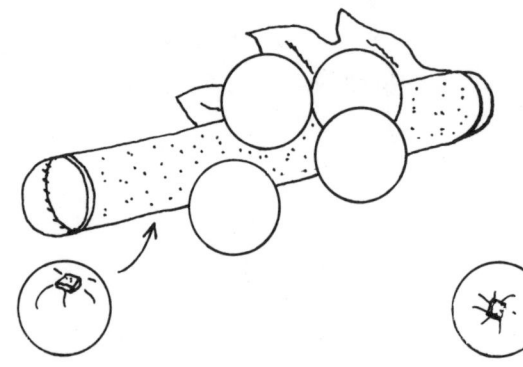

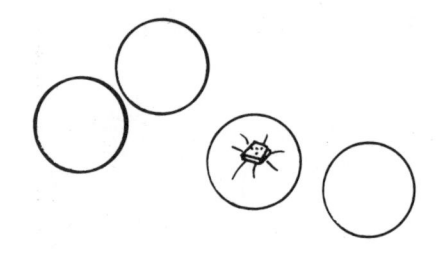

47

ぬいぐるみさん あそびましょう

じどうしゃ　P.70　　チクタク時計　P.56
いも虫から？　P.52　　ひっくりかえる　P.50
パクパクパク　P.54
サッカーボール　P.64

✲構成あそびや学習に役立つぬいぐるみ✲

ひっくり かえる

　おたまじゃくしをひっくり返すとかえるになる，とっても楽しいぬいぐるみです。かえるの色を，赤，茶，緑など色を変えてつくり，ピョン，ピョン競争させてあそびましょう。

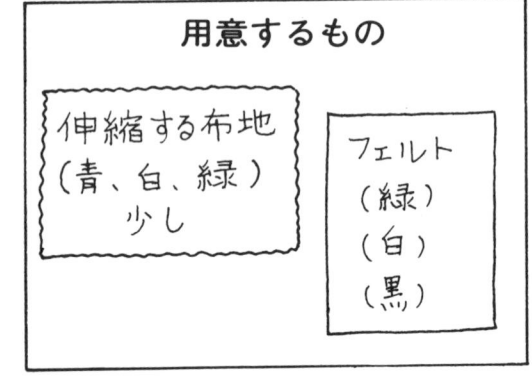

用意するもの

伸縮する布地
（青、白、緑）
少し

フェルト
（緑）
（白）
（黒）

オタマジャクシ

① 背になる方は、マチをはさんではぎあわせます。

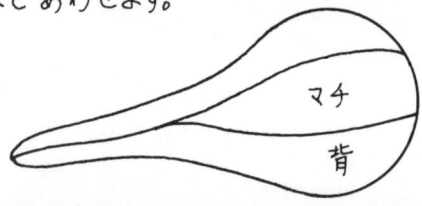

マチ
背

② 背とお腹（白）をぬいあわせます。

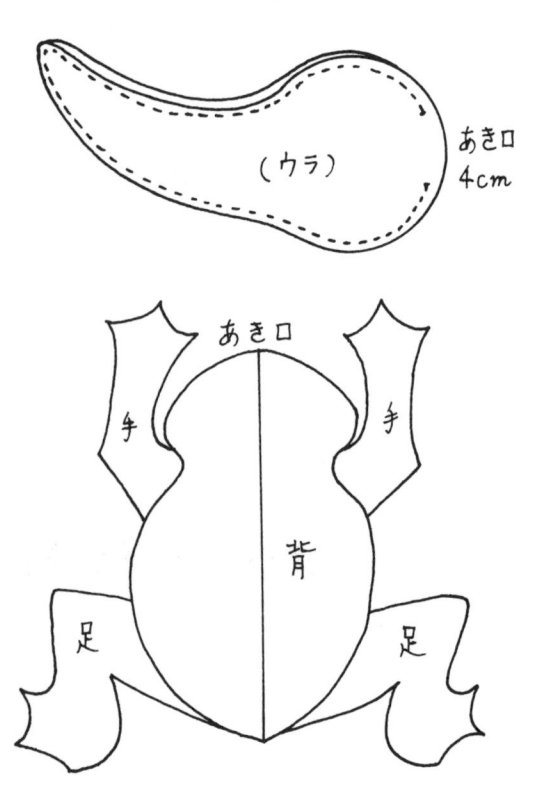

（ウラ）
あき口 4cm

カ エ ル

背中は2枚をはぎあわせ
足をはさみこんで、お腹をぬいあわせます。

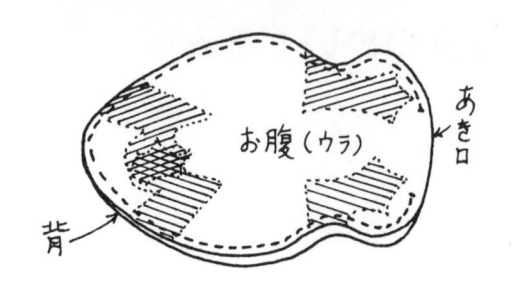

お腹（ウラ）
あき口
背

あき口
手　手
背
足　足

50

2つをつなぐ

① 背中側はミシンでぬいあわせ
お腹は表から手でまつりぬいします。

② フェルト（白、黒）で目をつけます。

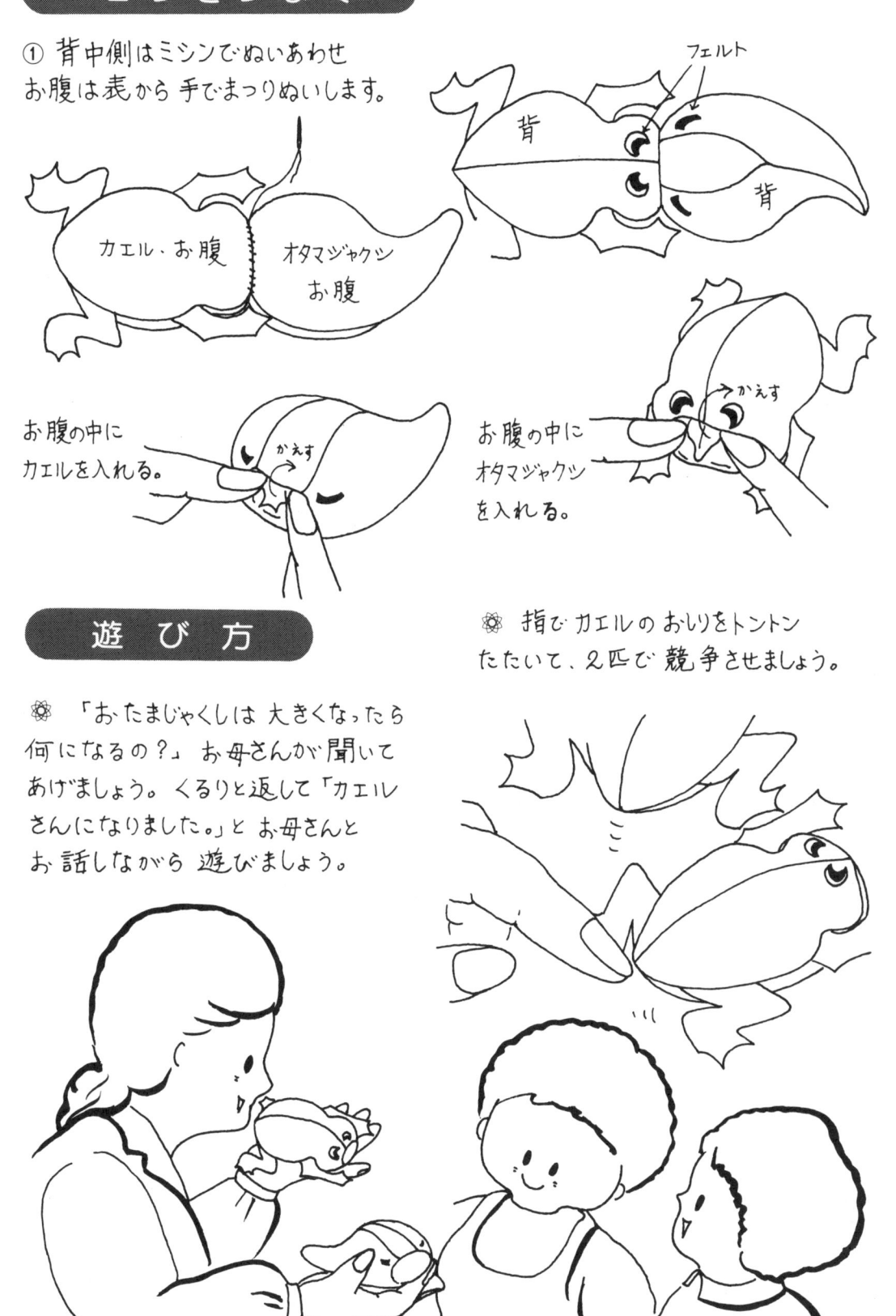

お腹の中にカエルを入れる。

お腹の中にオタマジャクシを入れる。

遊び方

※ 「おたまじゃくしは 大きくなったら何になるの？」お母さんが聞いてあげましょう。くるりと返して「カエルさんになりました。」とお母さんとお話しながら遊びましょう。

※ 指でカエルのおしりをトントンたたいて、2匹で競争させましょう。

いも虫から？

　いも虫君は，毎日，木の葉っぱを食べながら，早く空を飛びたいと思っていました。
　いも虫をくるりと返すときれいなちょうちょに変身です。羽根をじょうずにたたんで，いも虫君にもどせる遊びも指の発達に役立つでしょう。

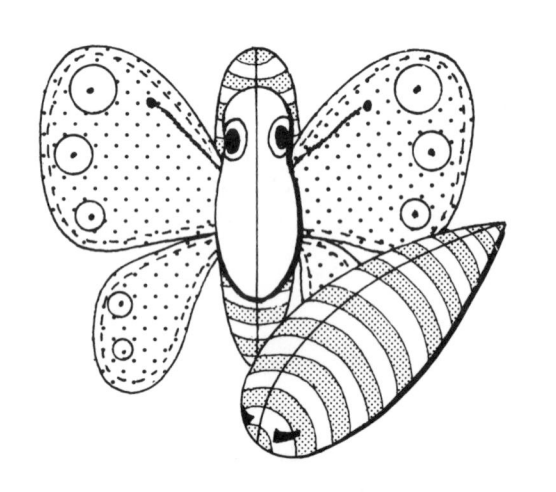

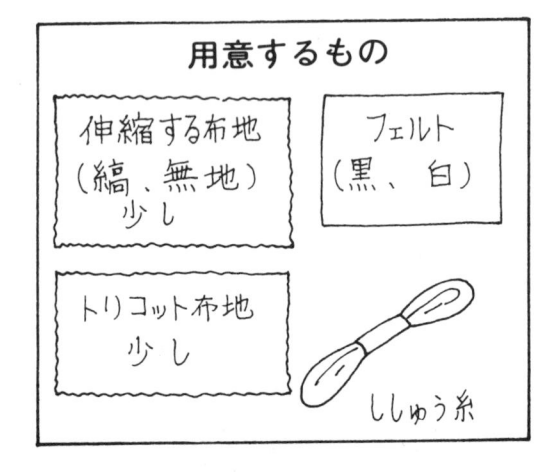

用意するもの

- 伸縮する布地（縞、無地）少し
- フェルト（黒、白）
- トリコット布地 少し
- ししゅう糸

① ちょうちょのボディーといも虫は，2枚ずつ重ねて、ぬいあわせます。
いも虫は背中にあき口をつくっておきます。

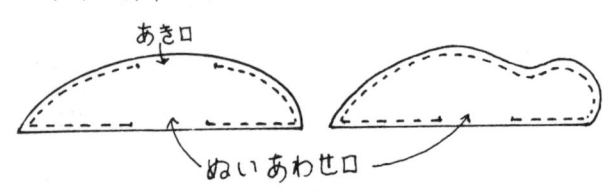

　あき口
　ぬいあわせ口

② ちょうちょのはねのまわりを折り返しておきます。

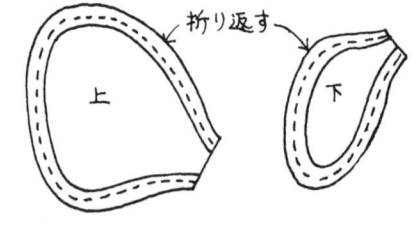

　折り返す
　上　下

③ はねをはさんで ちょうちょといも虫を ぬいあわせ、いも虫の背にあるあき口から表に返して背をぬいます。

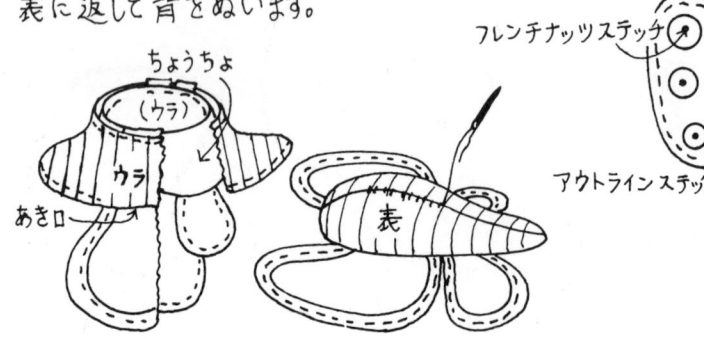

　ちょうちょ
　（ウラ）
　ウラ
　あき口
　表

④ はねにフェルトでもようをつけます。
ちょうちょといも虫の目をつけます。

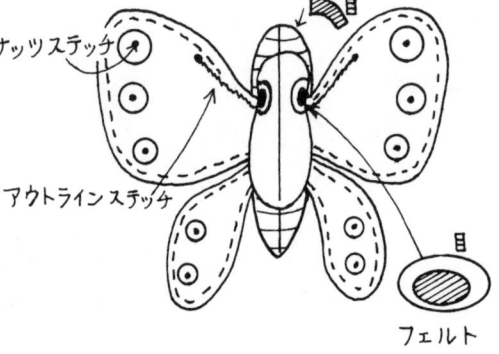

　フレンチナッツステッチ
　アウトラインステッチ
　目
　フェルト

52

⑤ いも虫のお腹のところに
マジックテープをぬいつけます。

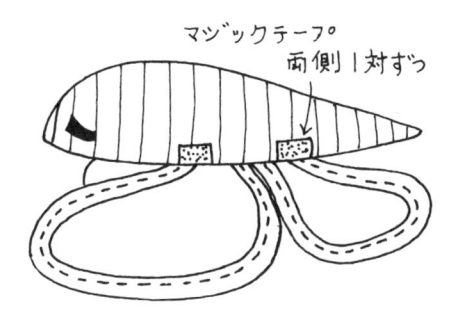

マジックテープ。
両側1対ずつ

⑥ いも虫のお腹の中にちょうちょをたたんで
しまいこみ、マジックテープをとじます。

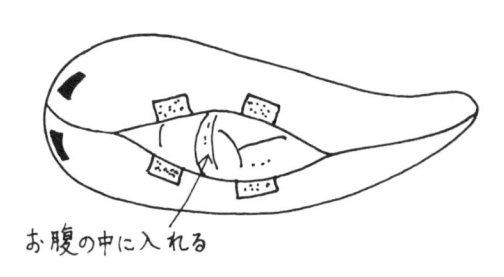

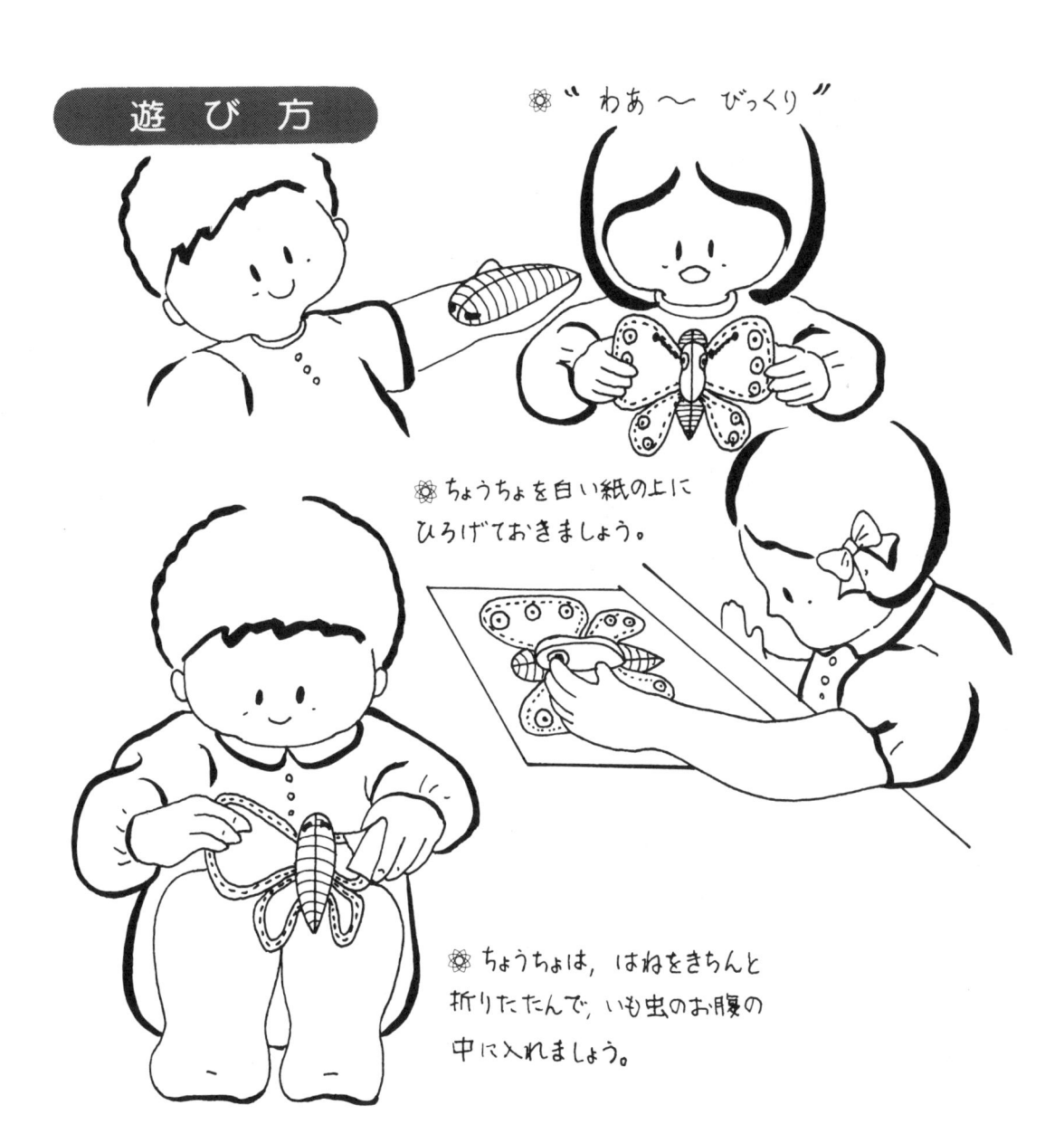

お腹の中に入れる

遊び方

❀ "わあ〜 びっくり"

❀ ちょうちょを白い紙の上に
ひろげておきましょう。

❀ ちょうちょは、はねをきちんと
折りたたんで、いも虫のお腹の
中に入れましょう。

パク パク パク

　大きな口のさかなです。小さなさかなを，どんどん飲みこんで食べてしまいます。食べた後からは，さかなの骨がつながって出てきます。

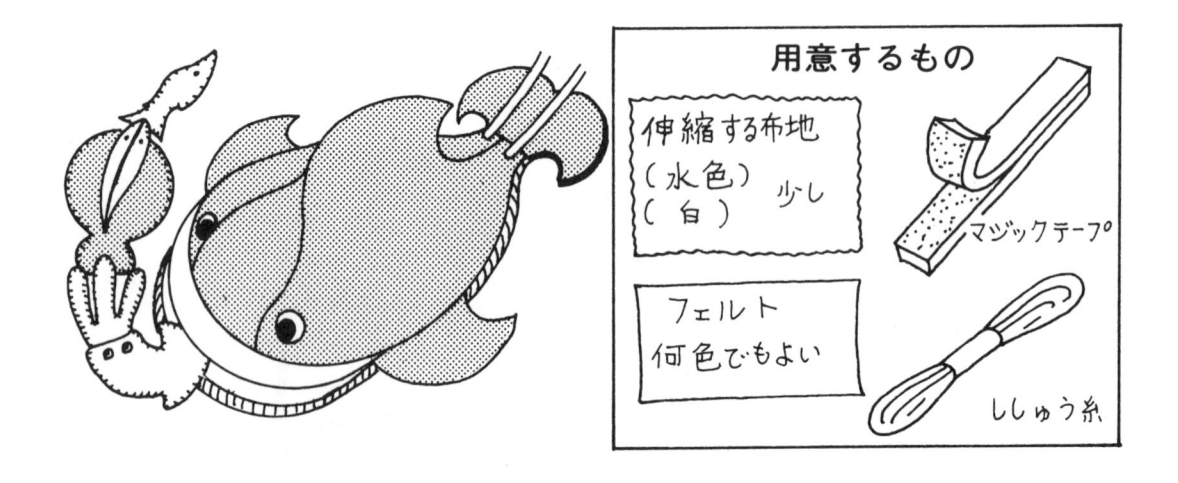

用意するもの

伸縮する布地
（水色）
（白）　少し

マジックテープ

フェルト
何色でもよい

ししゅう糸

① 背2枚を まちをはさんで ぬいあわせ，尾ひれをつけ 次に口の部分をはぎあわせます。

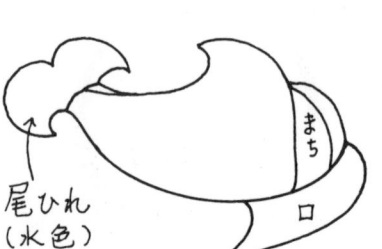

尾ひれ
（水色）

まち

口

② 口の部分は うらに半分折り返して まつります。

口
（ウラ）

③ ひれを2つつくります。

水色

白

④ お腹は2枚あわせて 間にボール紙を入れて ぬいとじます。

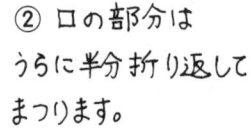

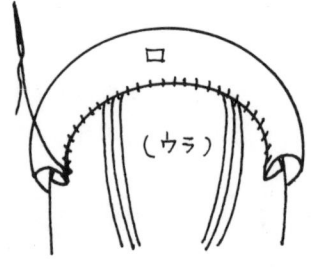

お腹

ボール紙

⑤ お腹側につく白い尾ひれ を①にぬいつけておきます。

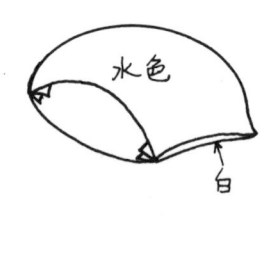

背
（ウラ）

尾ひれ
（白）

水色

⑥ ひれをはさんで 背と お腹をぬいあわせます。

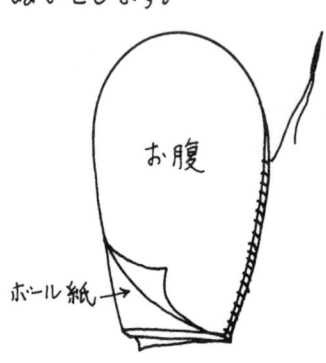

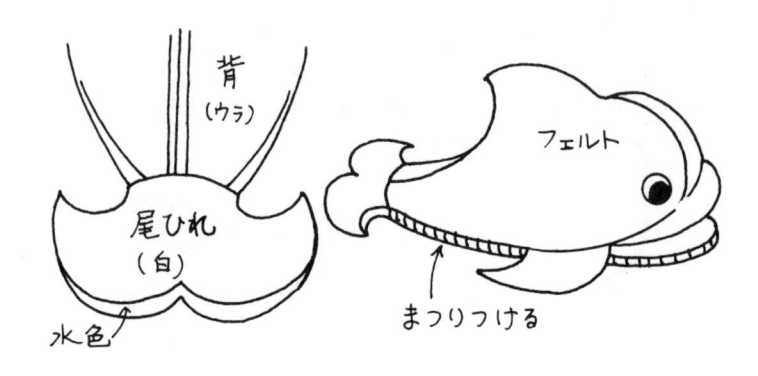

フェルト

まつりつける

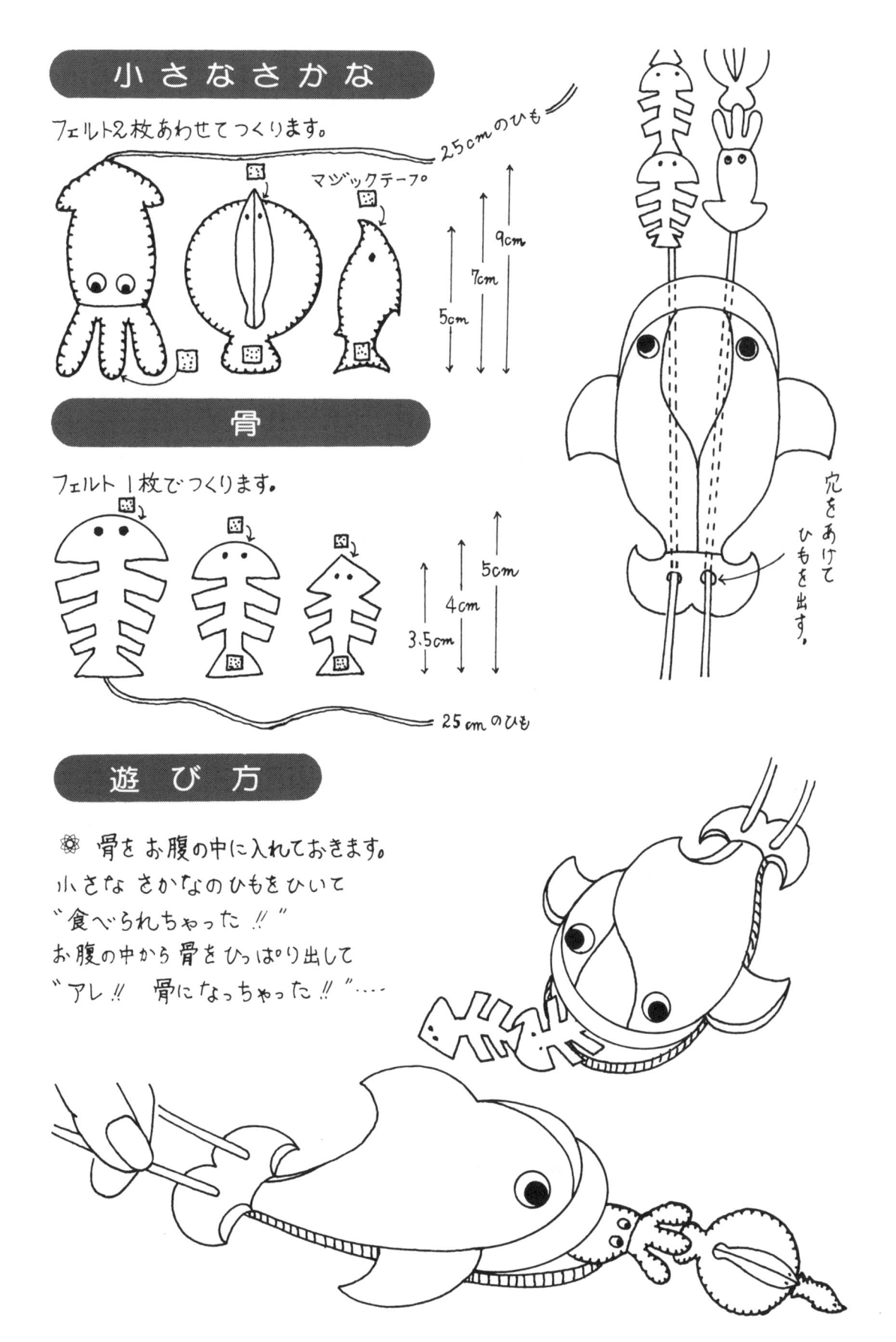

小さなさかな

フェルト2枚あわせてつくります。

25cmのひも
マジックテープ

9cm
7cm
5cm

骨

フェルト1枚でつくります。

5cm
4cm
3.5cm

25cmのひも

穴をあけてひもを出す。

遊び方

✺ 骨をお腹の中に入れておきます。
小さなさかなのひもをひいて
"食べられちゃった‼"
お腹の中から骨をひっぱり出して
"アレ‼ 骨になっちゃった‼"……

55

チクタク時計

フェルト製の時計です。針もちゃんと動くようになっていますので、3時のおやつの時間にあわせてみましょう。

目ざまし時計は、おしゃれなペンダントとしても使えます。

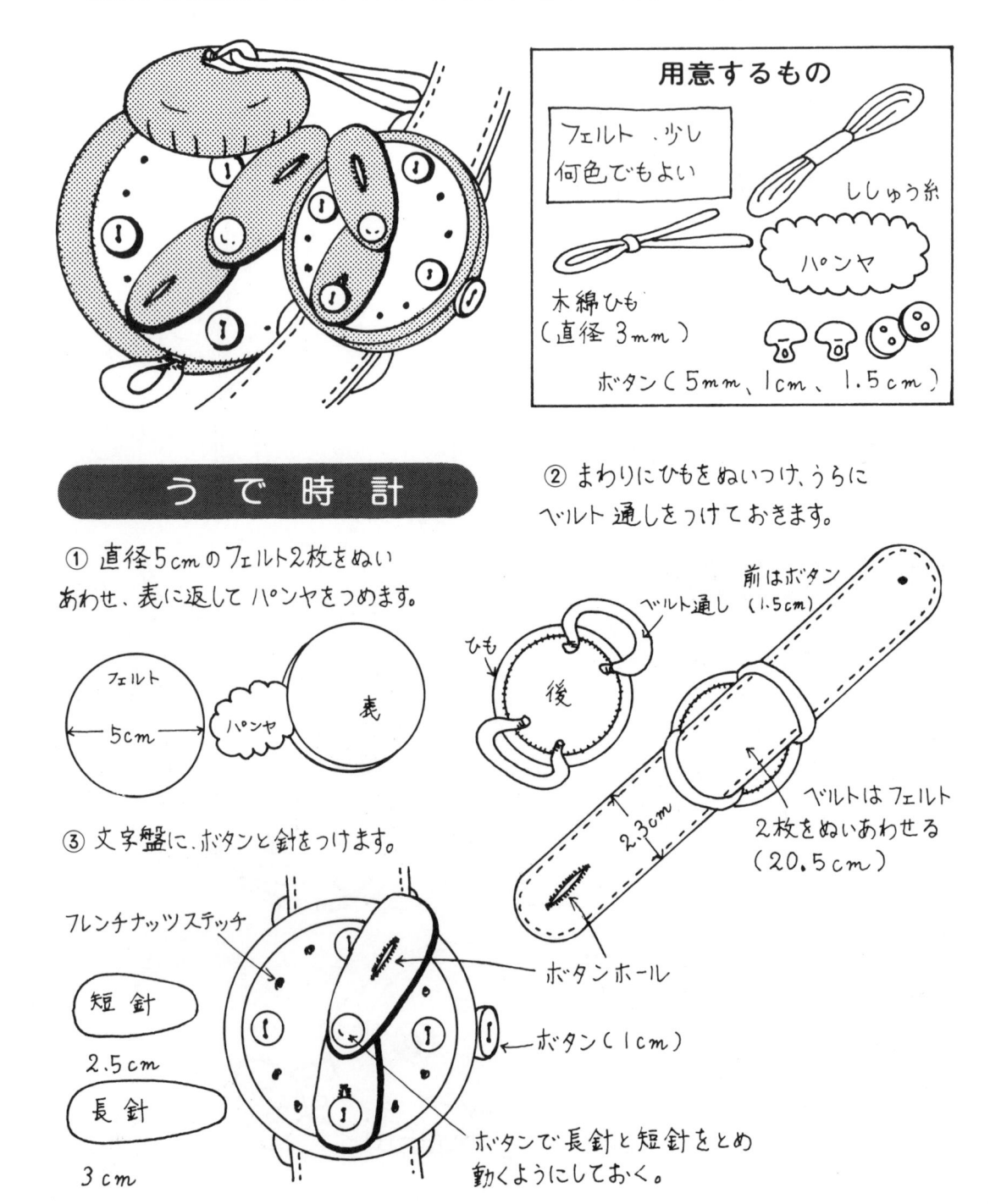

用意するもの

- フェルト・少し　何色でもよい
- ししゅう糸
- パンヤ
- 木綿ひも（直径3mm）
- ボタン（5mm、1cm、1.5cm）

うで時計

① 直径5cmのフェルト2枚をぬいあわせ、表に返してパンヤをつめます。

② まわりにひもをぬいつけ、うらにベルト通しをつけておきます。

- 前はボタン（1.5cm）
- ベルト通し
- ひも
- 後
- ベルトはフェルト2枚をぬいあわせる（20.5cm）
- 2.3cm
- ボタンホール

③ 文字盤に、ボタンと針をつけます。

- フレンチナッツステッチ
- 短針　2.5cm
- 長針　3cm
- ボタン（1cm）
- ボタンで長針と短針をとめ動くようにしておく。

目ざまし時計

① マチをわにします。

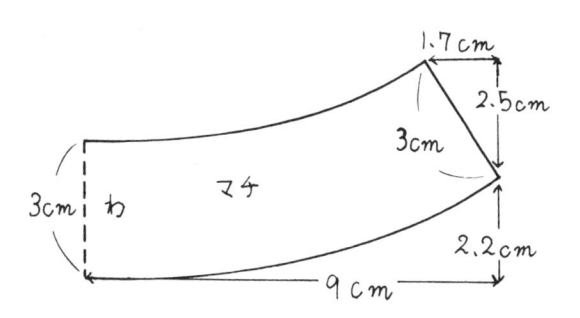

寸法: 1.7cm、2.5cm、3cm、3cm わ、9cm、2.2cm

② ブランケットステッチで時計の前と後をマチをはさんでぬいあわせパンヤをつめます。

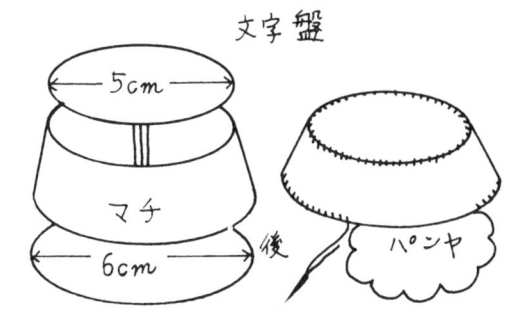

文字盤 5cm、マチ、6cm、後、パンヤ

③ ベル(大)はパンヤを入れてぬいちぢめ、ベル(小)をぬいつけます。

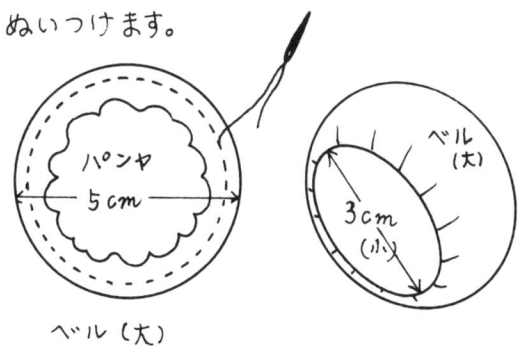

ベル(大) パンヤ 5cm
ベル(大) 3cm (小)

④ 文字盤は、うで時計と同じようにつくり、ベルと、ひもでつくった足をぬいつけます。

ひも

遊び方

✧ 針を動かすことができるかわいい時計です。アクセサリーとして身につけましょう。

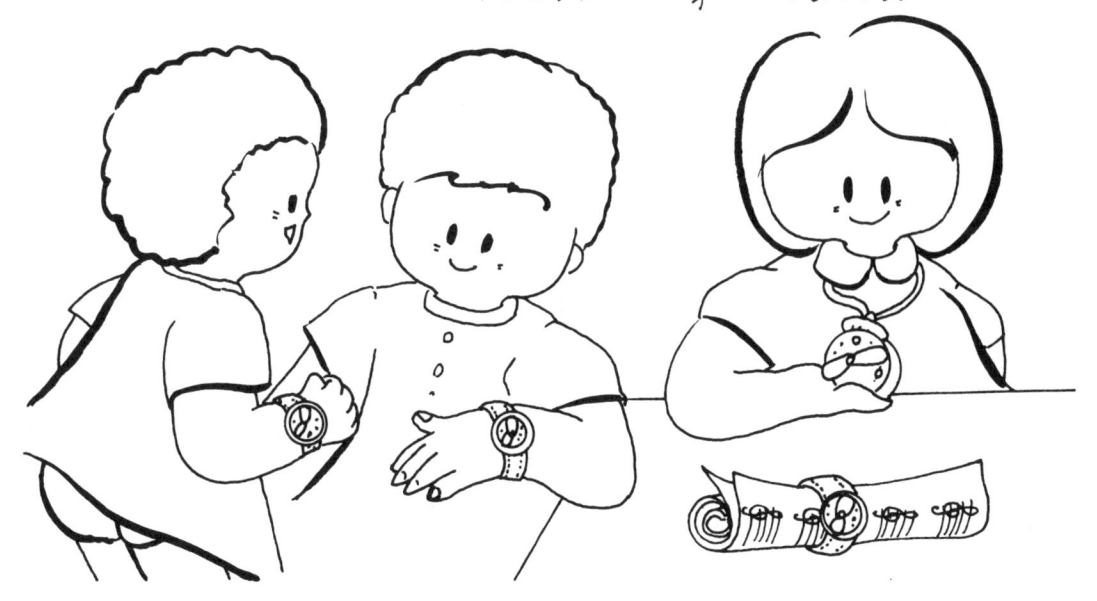

アクセサリー絵本

絵本の形をしたタオルの小物入れです。小さなぬいぐるみや，ごっこ遊びの小物，アクセサリーなどを入れておきましょう。遊んだ後，きちんとしまうこともたいせつなしつけです。

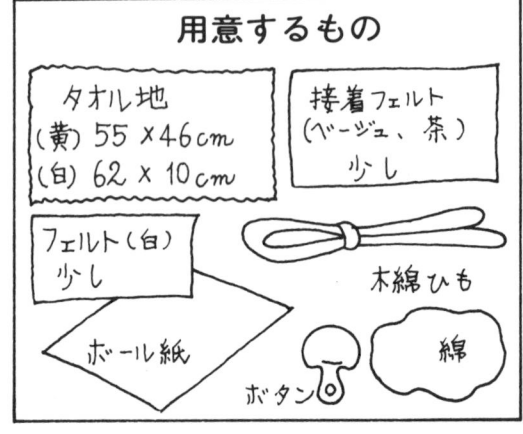

用意するもの
- タオル地（黄）55×46cm（白）62×10cm
- 接着フェルト（ベージュ、茶）少し
- フェルト（白）少し
- ボール紙
- ボタン
- 木綿ひも
- 綿

① タオル地を2枚あわせてぬいます。

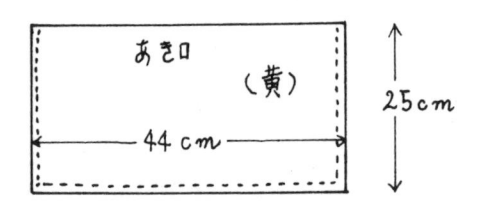

あき口（黄） 44cm × 25cm

② あき口から，ボール紙と綿をうすく入れて口をとじます。

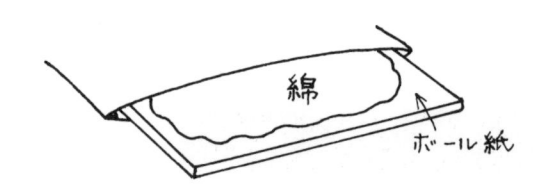

③ ②の内側にわくをとりつけます。図のように半分綿をしいてミシンステッチをします。
半分にボール紙を入れて2つ折りにし、両端をかがり、図の位置にぬいつけます。

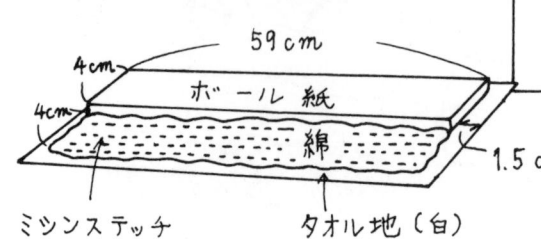

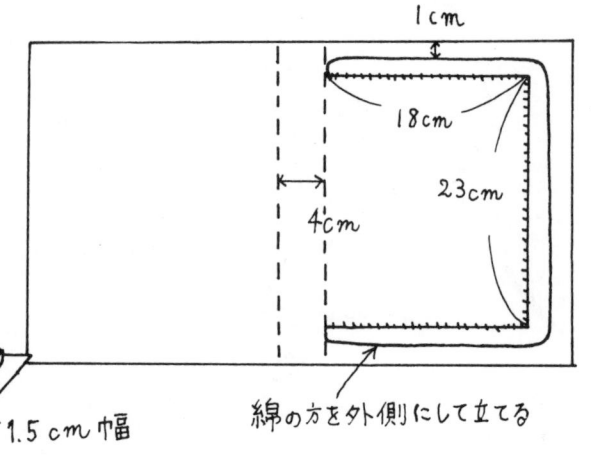

59cm、4cm、4cm、1.5cm幅、ボール紙、綿、ミシンステッチ、タオル地（白）

1cm、18cm、23cm、4cm、綿の方を外側にして立てる

④ 仕上げ

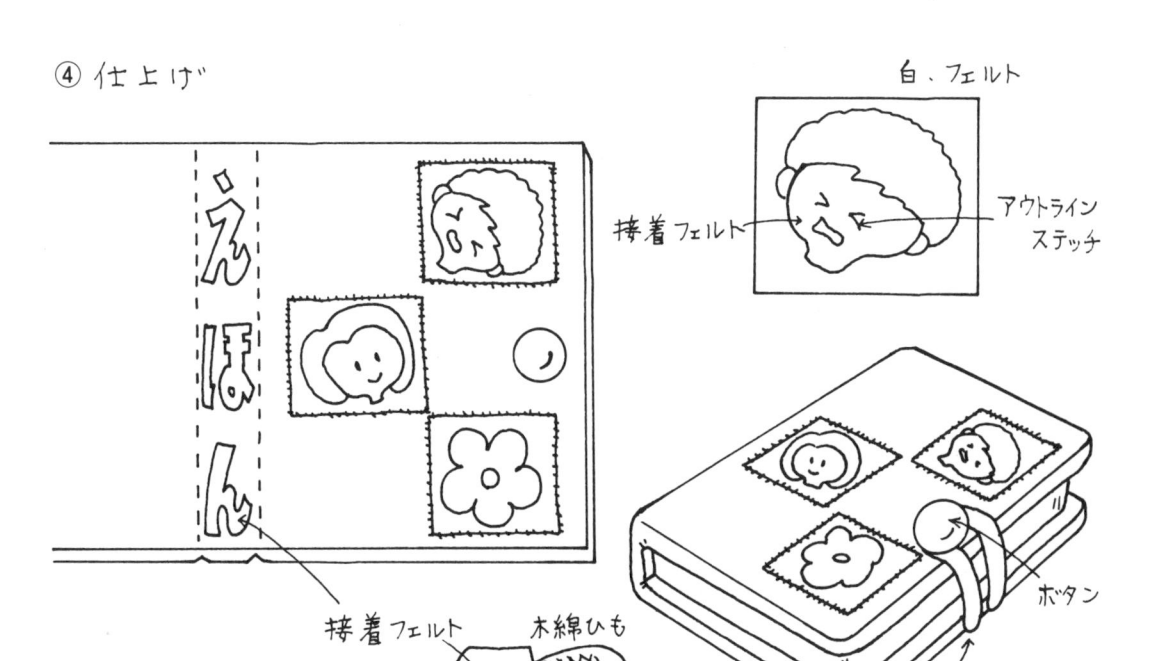

白、フェルト

接着フェルト　アウトラインステッチ

接着フェルト　木綿ひも

ボタン

遊び方

※ ハンカチやえんぴつ、ノートを入れて、カバンがわりに持ち歩きます。

※ たいせつな宝物を入れておきましょう。ぬいぐるみでつくった小さな小物もなくさないようにしまっておきましょう。

シマシマえんぴつ

大きなシマシマえんぴつです。3本をボタンでつなげてクッションにしたり，えんぴつに数字を書いた布をまいて，数あて遊びもできるでしょう。

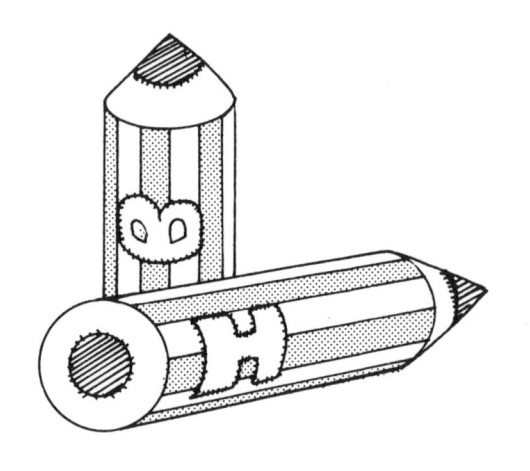

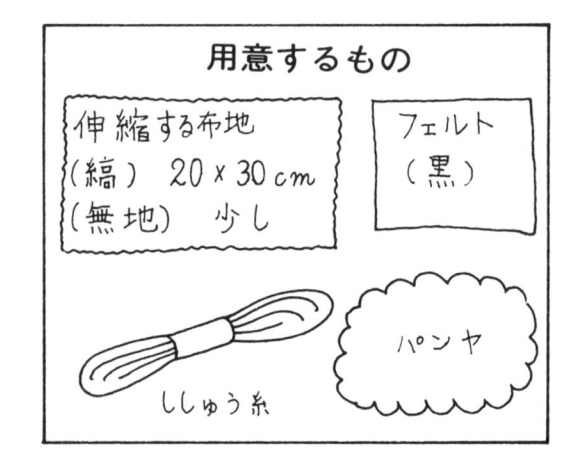

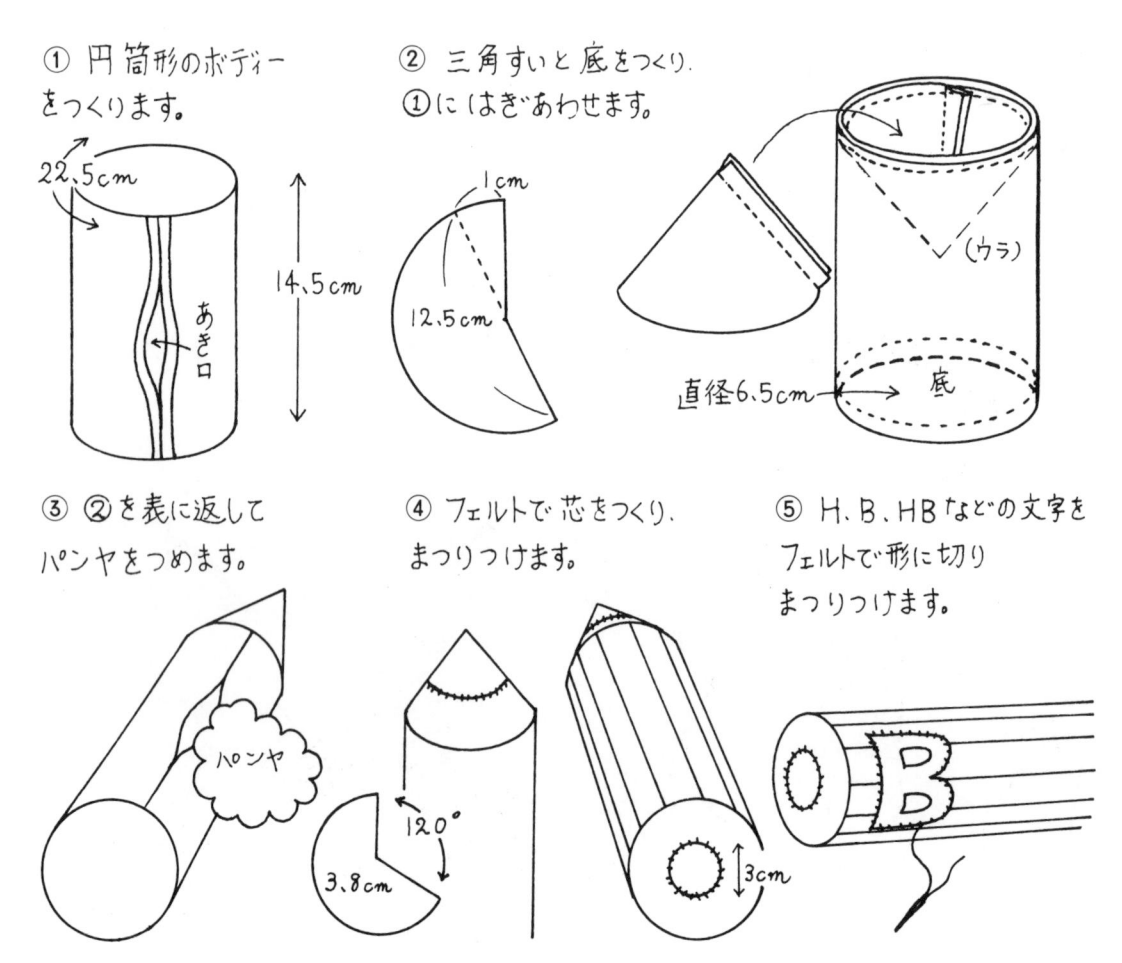

用意するもの

伸縮する布地
(縞) 20×30cm
(無地) 少し

フェルト（黒）

ししゅう糸

パンヤ

① 円筒形のボディーをつくります。

22.5cm
14.5cm
あき口

② 三角すいと底をつくり，①にはぎあわせます。

1cm
12.5cm
(ウラ)
直径6.5cm
底

③ ②を表に返してパンヤをつめます。

パンヤ

④ フェルトで芯をつくり，まつりつけます。

120°
3.8cm
3cm

⑤ H、B、HBなどの文字をフェルトで形に切りまつりつけます。

B

遊び方

❊ 2～3歳の子は、字をかくまねをしたり、抱いたり、ころがしたりして遊びます。

❊ 数字をかいた帯を巻いて止まった時に上になった数をきそいます。

紙でつくる

❊ ぬいぐるみのまくらに使いましょう。

61

サイコロ コロコロ

　トリコロールカラーの大きなサイコロは，各面に数字が入っています。転がして遊んだり，また1の数字がでたら1本棒をとるなど，楽しい数字遊びができます。その他，いろいろサイコロを使ってゲームをしましょう。

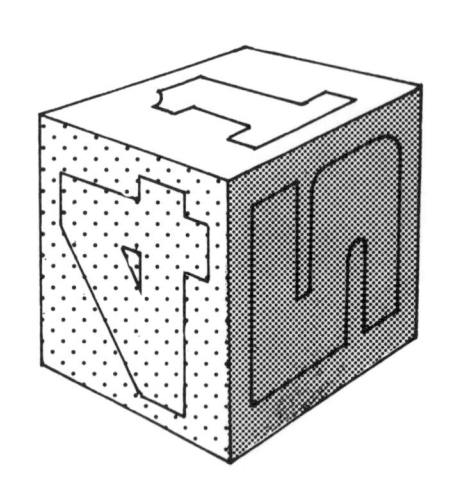

用意するもの

伸縮する布地
（赤、青、白）
各 22 × 44 cm

接着フェルト
（赤、青、白）

接着剤

ウレタンチップ

① 布地に接着フェルトで 1～6までの数字をつくり，アイロンで はりつけます。

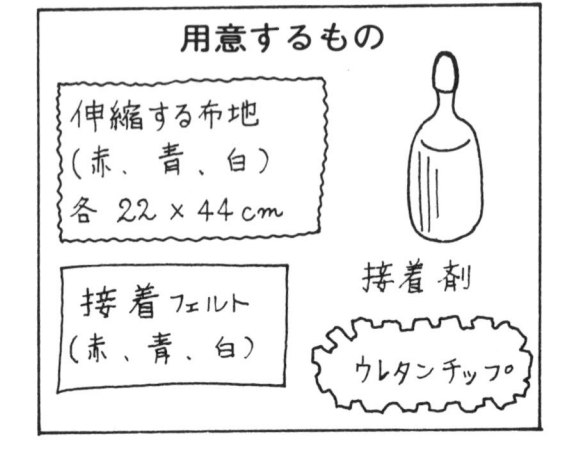

20cm

② 6枚を組み合わせてはぎます。一部分だけぬい残して，あき口にします。表に返してウレタンチップをつめて，ぬいとじます。

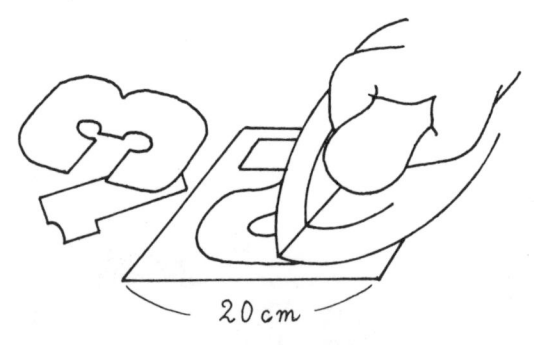

③ ウレタンチップのかわりに，座ぶとん用ウレタンを切ってはり重ねてもできます。

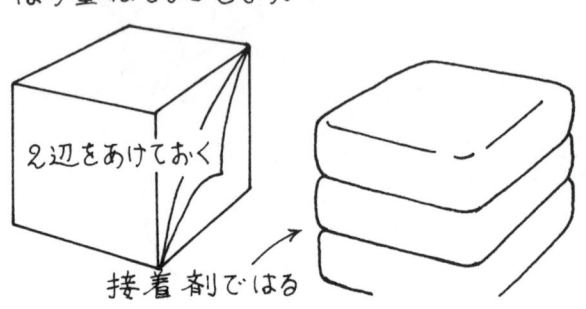

2辺をあけておく

接着剤ではる

ウレタンチップ

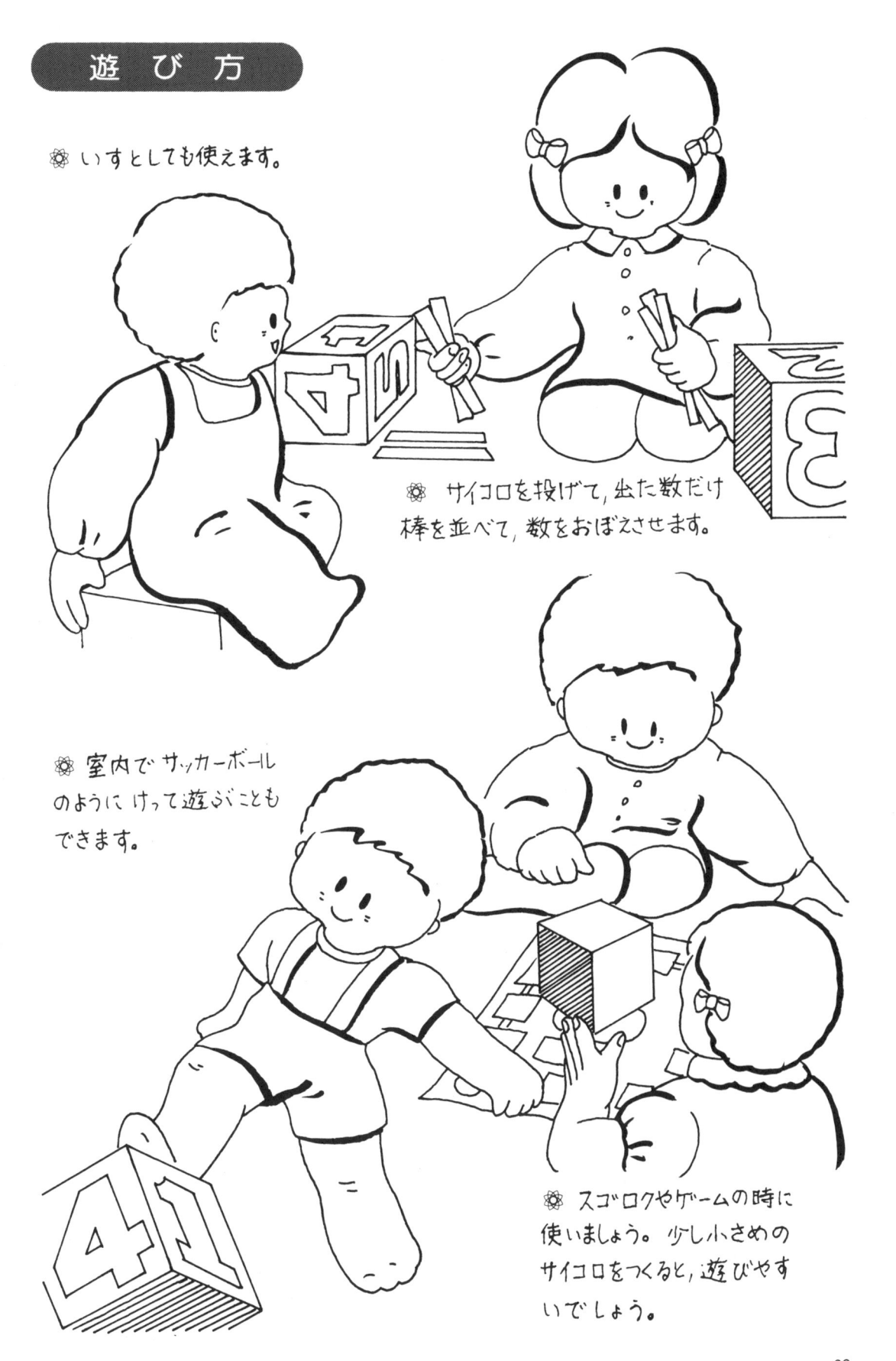

遊び方

❊ いすとしても使えます。

❊ サイコロを投げて、出た数だけ棒を並べて、数をおぼえさせます。

❊ 室内でサッカーボールのようにけって遊ぶこともできます。

❊ スゴロクやゲームの時に使いましょう。少し小さめのサイコロをつくると、遊びやすいでしょう。

サッカーボール

　カラフルなパッチワークのボールです。タオル製なのであまり遠くまで転がらず，子どもには安心です。はじめにお母さんが転がして見せてあげましょう。ボール遊びは，方向性や距離感覚を養い，赤ちゃんがじょうずに歩けるための視力の発達に役立ちます。

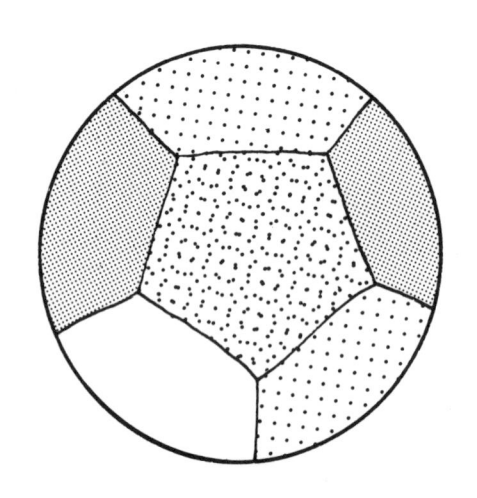

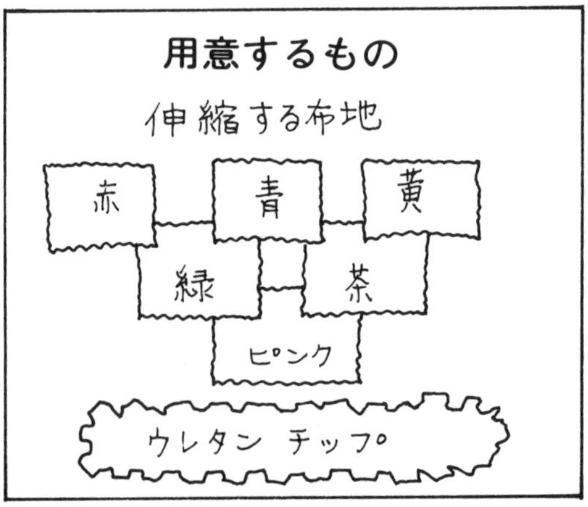

用意するもの

伸縮する布地
赤　青　黄
緑　茶
ピンク

ウレタン チップ

① 直径6cmの円に内接する正五角形6枚を，同じ色がとなりあわせにならないようにぬいます。

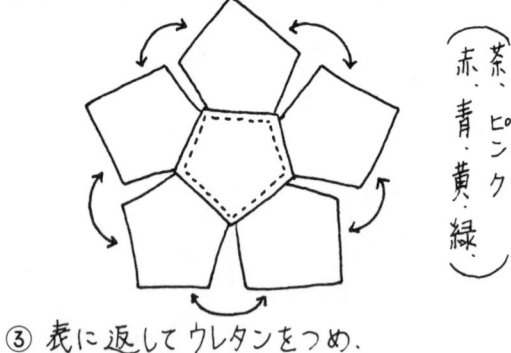

（茶、ピンク、赤、青、黄、緑）

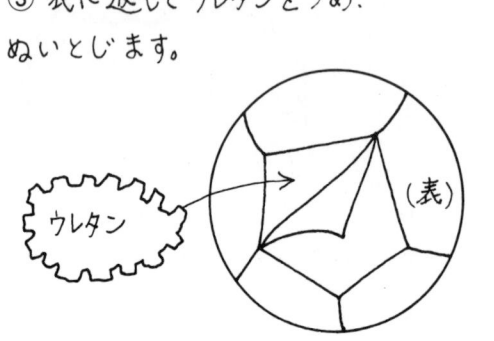

② まるくなるように残りの6枚も順にはぎあわせます。

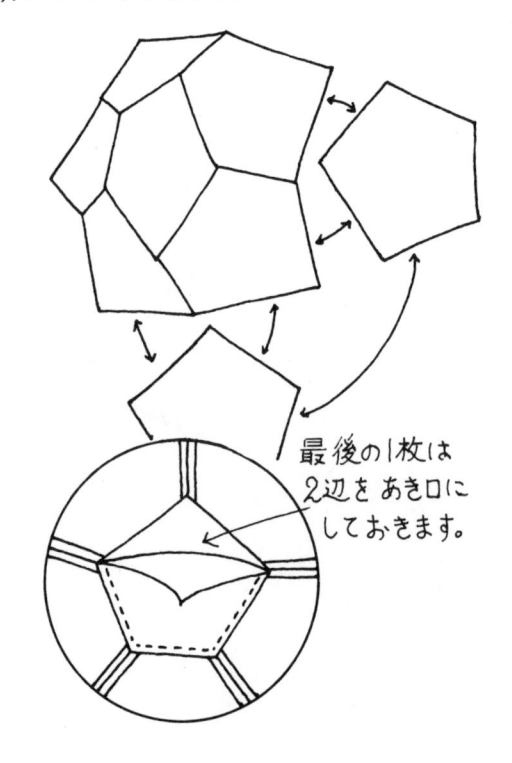

③ 表に返してウレタンをつめ，ぬいとじます。

ウレタン　（表）

最後の1枚は2辺をあき口にしておきます。

遊び方

※ お母さんと向き合って足を開いてすわり、ボールが外へ逃げないようにし、ボールをころがしっこしましょう。

※ ボールをはいはいして取りにいきます。お母さんがころがしてあげましょう。

※ 家庭にあるものを利用してバスケットボールをしてみましょう。

リボンや布
針金
あみ

※ 板などを利用して、スベリ台をつくり、2人組になって、ころがして遊びましょう。

直径6cmの円に内接する正五角形

半径3cmのまん中（E＝1.5cm）からAまでの長さ（AE）を半径とする円をかき、直径（CD＝6cm）とぶつかったところをFとします。（AE＝EF）
このAからFまでの長さが直径6cmの円に内接する正五角形の1辺の長さになります。

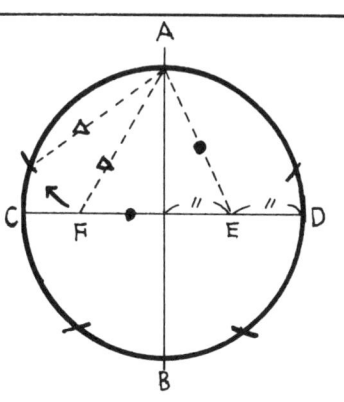

ソフトボール

　ボールは，子どもの全身運動にとてもよいおもちゃです。はだざわりのよいタオル地のソフトボールで，お母さんとキャッチボールをして遊びましょう。

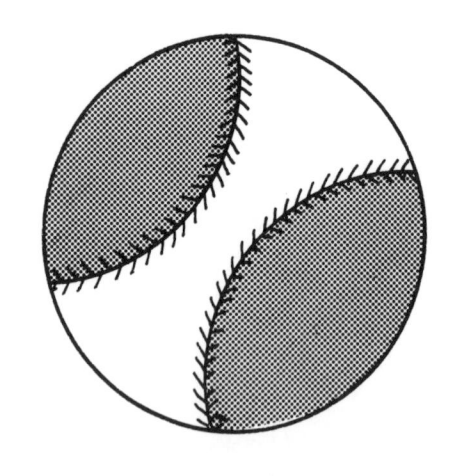

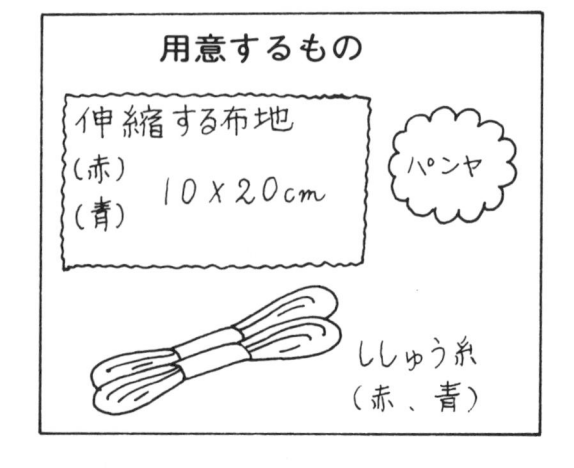

用意するもの
- 伸縮する布地（赤）（青） 10×20cm
- パンヤ
- ししゅう糸（赤、青）

① 2枚をはぎあわせます。パンヤを入れるあき口を残しておきます。

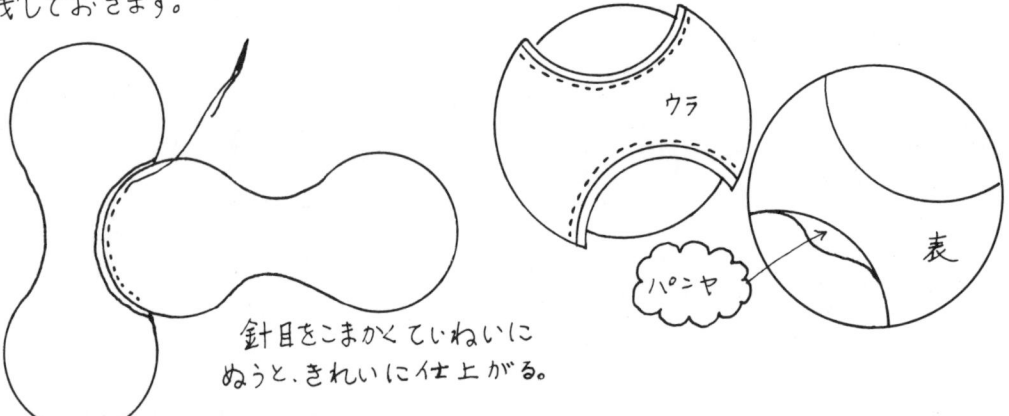

針目をこまかくていねいにぬうと、きれいに仕上がる。

② 表に返してパンヤをつめ、はぎあわせます。

③ はぎ目のところにステッチを入れます。
赤には青のししゅう糸、青には赤のししゅう糸でさします。

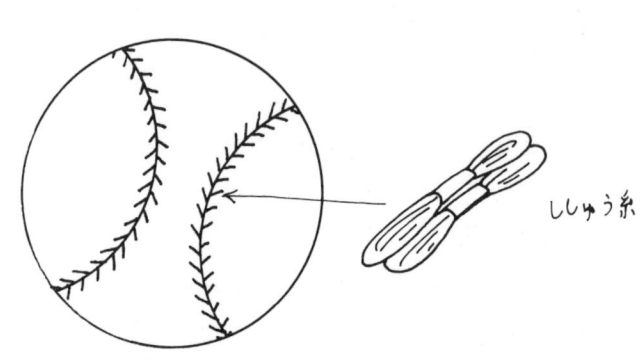

ししゅう糸

遊び方

❂ いすの上に投げる遊びをしましょう。うまくいすの上にのるようになったら、だんだん遠くから投げるようにしてみましょう。

❂ 赤ちゃんにとってボールは、からだ全体を動かすよい運動になります。
転がしたり、投げたりは、距離感覚や視覚の発達に役立つでしょう。

❂ 天井からかごをつり下げてボールを入れましょう。
ジャンプして入れたり、遠くからほうり投げたり、かごの高さもいろいろにかえて遊びましょう。

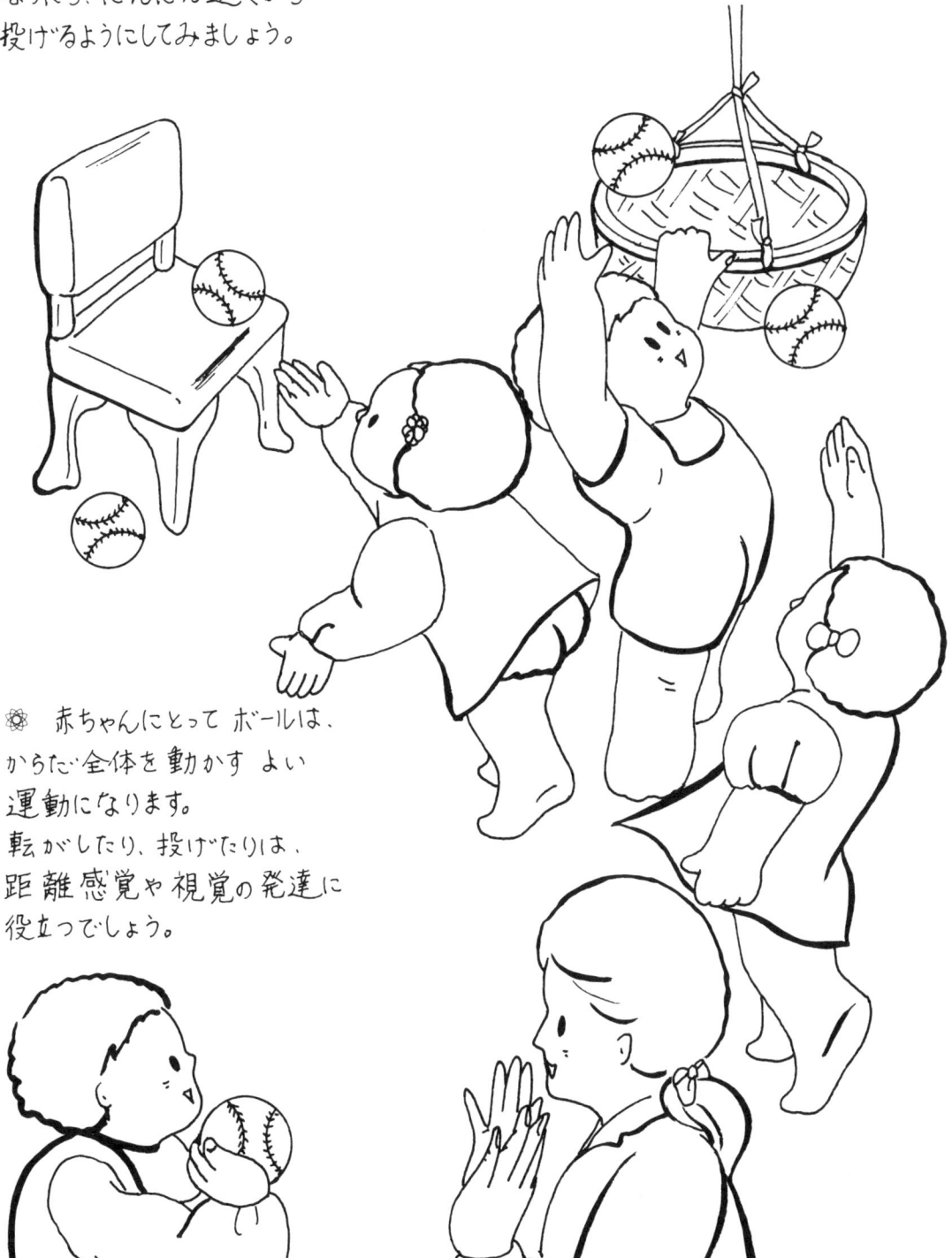

クリスマスツリー

楽しいクリスマスに，お母さんの手づくりのもみの木を飾ってみましょう。
マジックテープで飾りつけができるようになっているので，小さな子どもにもやさしくできます。

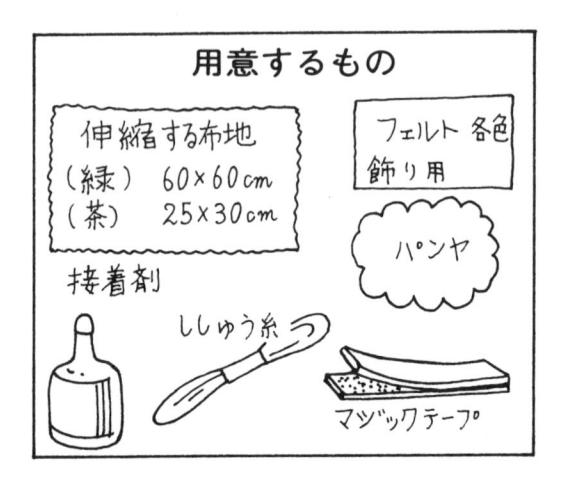

用意するもの

- 伸縮する布地
  - （緑） 60×60cm
  - （茶） 25×30cm
- フェルト 各色 飾り用
- 接着剤
- パンヤ
- ししゅう糸
- マジックテープ

① 底3枚をはぎあわせます。

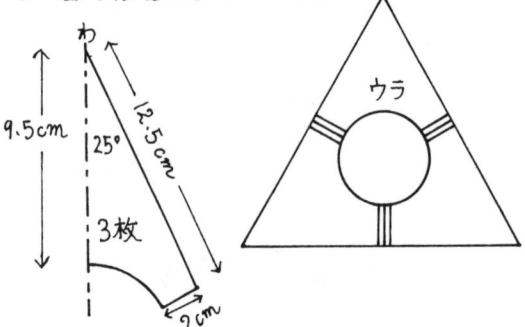

9.5cm / 12.5cm / 25° / 3枚 / 2cm / ウラ

② ツリーを3枚はぎあわせ，①の底をはぎあわせて，表に返します。

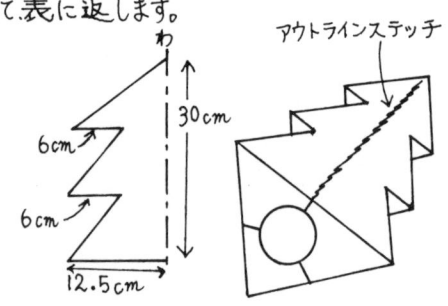

30cm / 6cm / 6cm / 12.5cm / アウトラインステッチ

③ 木の部分は側面を3枚はぎあわせて，底をつけ，ボール紙をしいて，パンヤをつめます。

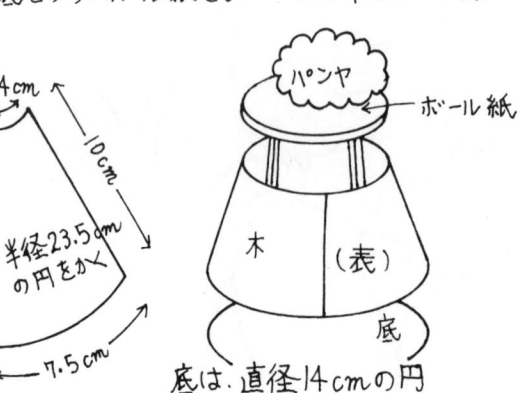

4cm / 10cm / 半径23.5cmの円をかく / 7.5cm

パンヤ / ボール紙 / 木（表） / 底

底は，直径14cmの円

④ ツリーにもパンヤをつめ，木にぬいつけます。

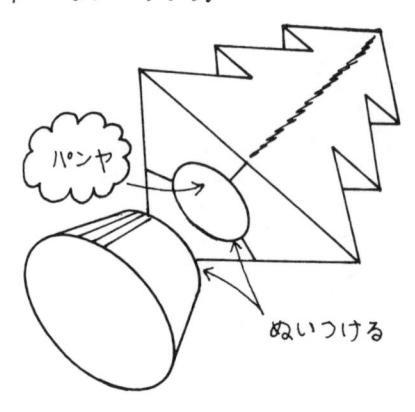

パンヤ / ぬいつける

遊 び 方

❋ みんなで、ツリーを飾りましょう。

❋ フェルトで いろいろな 飾りをつくっておき、ツリーに かざりましょう。

飾りとツリー両方に
接着剤でマジックテープをつける。

安全ピンをつける

じどうしゃ

カラフルな自動車は，車輪をはずしたり，つけたりすることができます。
ひとりで外にあそびに出るころのお子さんには，交通信号のことを教えておきましょう。ボタンをかけたり，はずしたり，赤になったらストップです。

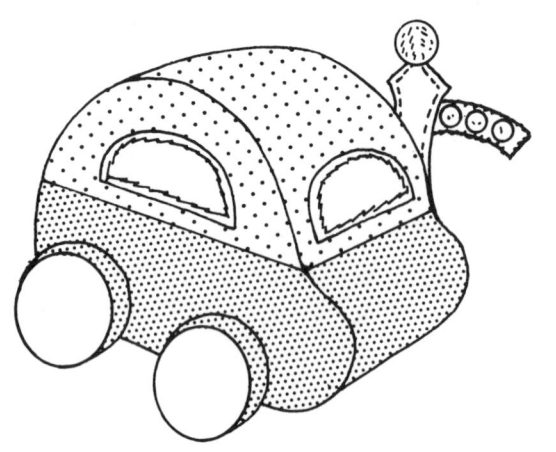

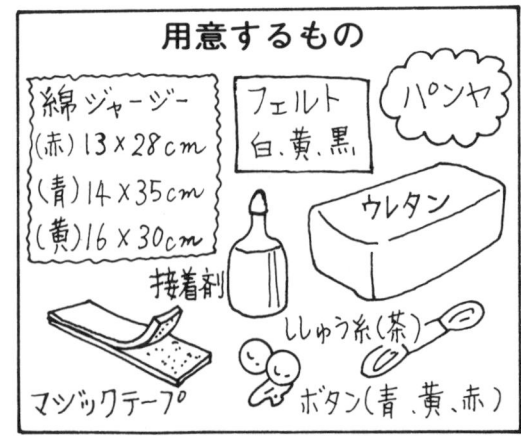

用意するもの
綿ジャージー
(赤) 13×28cm
(青) 14×35cm
(黄) 16×30cm

フェルト 白、黄、黒

パンヤ

ウレタン

接着剤

ししゅう糸(茶)

マジックテープ

ボタン(青、黄、赤)

① ボディー赤(A)にまどをのせてアウトラインステッチします。

② ①とボディー青(B)をはぎあわせます。

③ ボディー青(B)にマジックテープをぬいつけます。

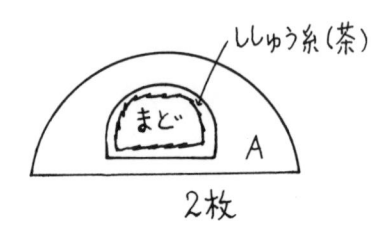

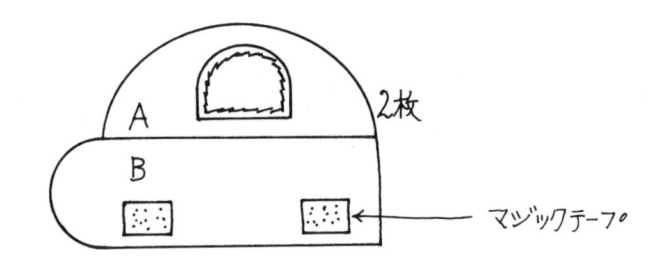

④ 屋根にまどをのせてアウトラインステッチします。

⑤ 屋根とボディー青(D)をはぎあわせます。

⑥ ②と④を中表にぬいあわせ、表に返します。

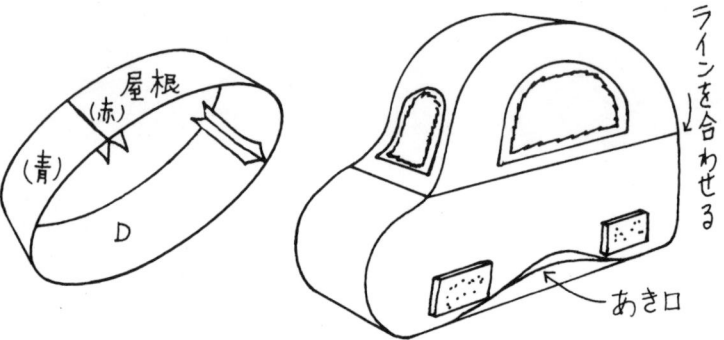

⑦ 中につめるウレタンは、大きいものであれば形を鉛筆でかいてナイフで切ります。

⑧ あき口からウレタンを入れてぬいとじます。

⑨ 車4枚にマジックテープをぬいつけます。

4枚
黄
マジックテープ

⑩ マジックテープをつけた車とつけてない車2枚をマチをはさんでぬいあわせ、パンヤをつめます。

パンヤ
マチ
マジックテープのない車

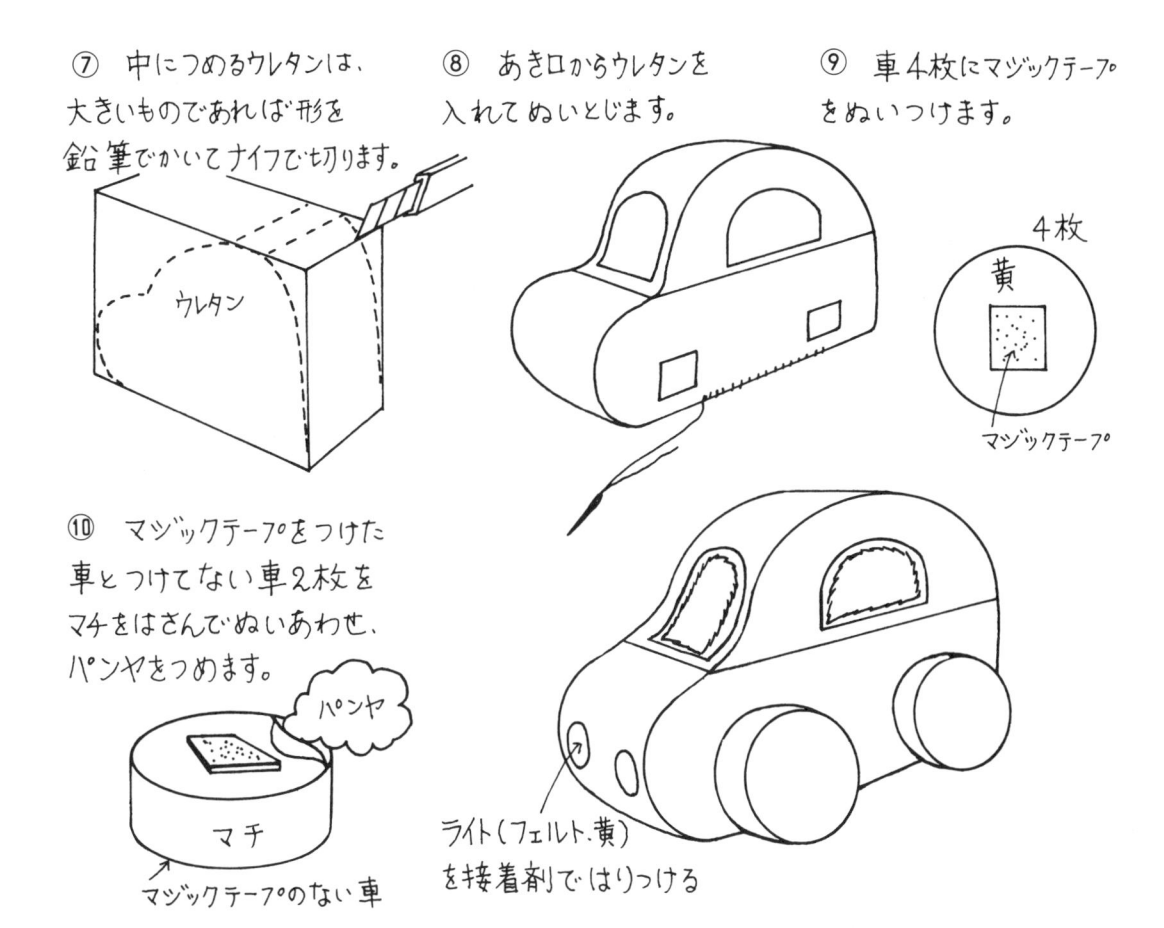

ライト(フェルト.黄)を接着剤ではりつける

信号機

① 黒のフェルトでうでを3枚つくります。
(A) 2cm／2cm／7cm フェルト(黒)
(B) ボタン 青 黄 赤
(C) 切り込み

② AとBをぬいあわせパンヤをつめてからCをのせて回りをブランケットステッチします。

パンヤ
一部あけておく

③ 黒のフェルトのボディー2枚を②をはさんでぬいあわせ、パンヤをつめて底をつけます。

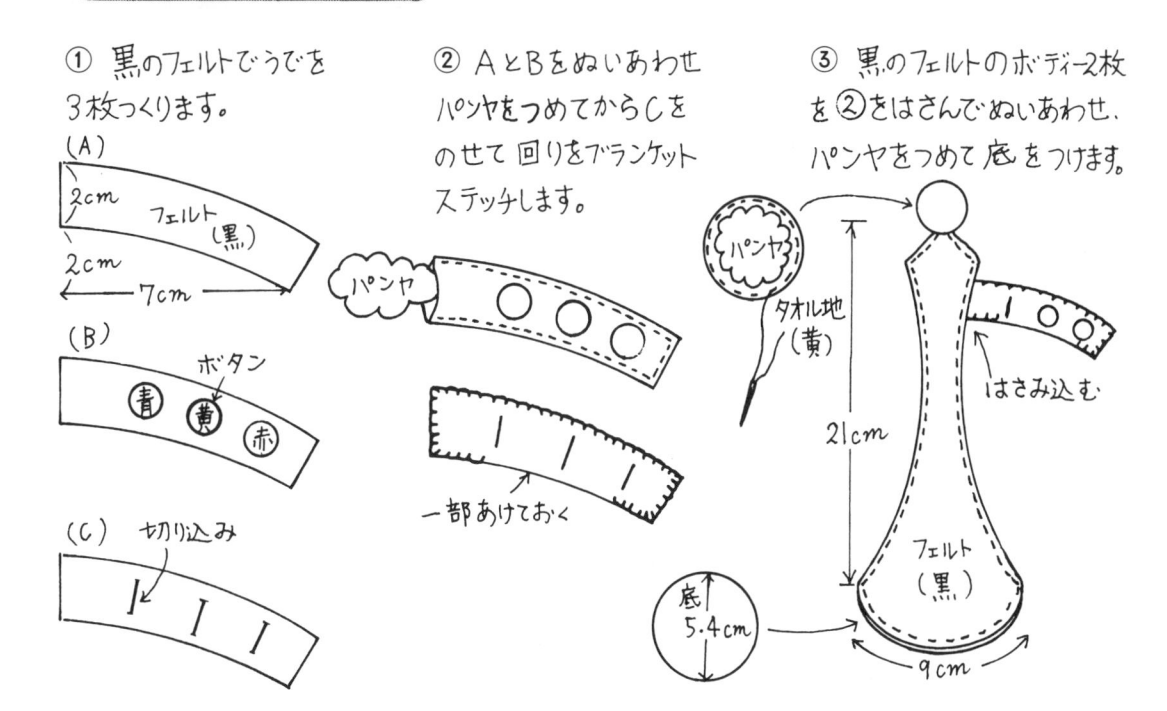

パンヤ
タオル地(黄)
はさみ込む
21cm
フェルト(黒)
底 5.4cm
9cm

71

遊び方

❀ 自動車を引いて走らせます。自動車の後にあき箱をつけてぬいぐるみや果物をのせてみましょう。

❀ 車をはずしたり、つけたり車を投げて自動車の上にのせたりして遊びましょう。

❀ 信号あそびをしましょう。
「赤です！ とまりましょう。」

ぬいぐるみさんで
おままごと

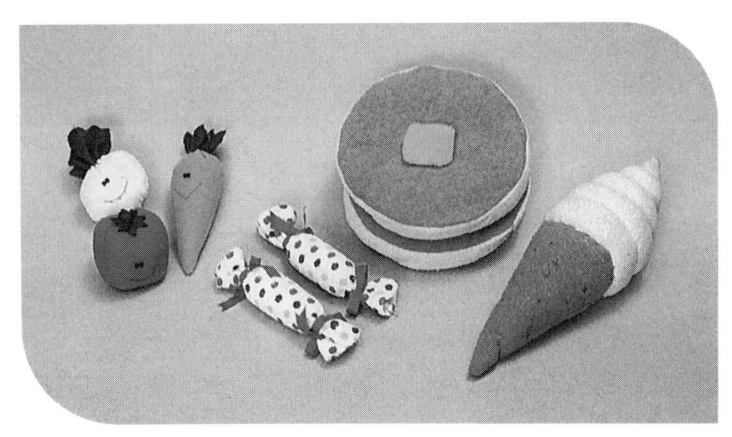

3時のおやつ　P.76
おやさいくん　P.82
ソフトクリーム　P.78

❈ ごっこあそびができるぬいぐるみ ❈

イギリス パン

大きくておいしそうな焼き色のついたパンです。トーストにして、大好きなジャムをつけて食べましょう。ママの手づくりパンです。応用して1枚にスライスしたパンもつくることができます。

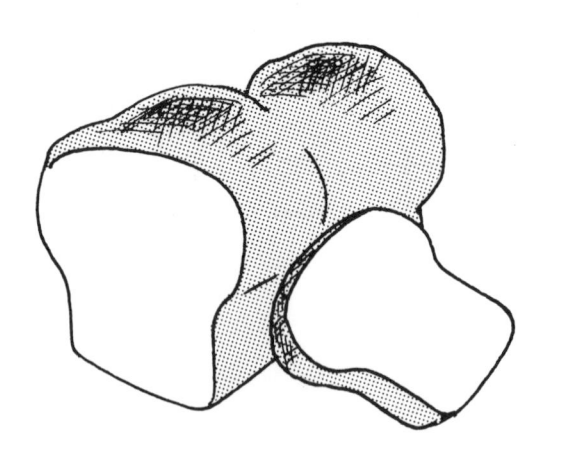

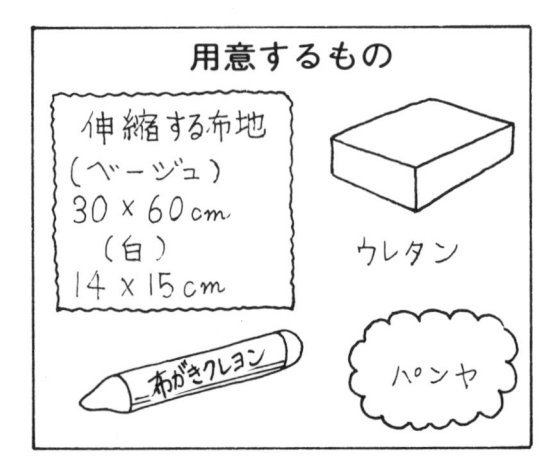

用意するもの

伸縮する布地
（ベージュ）
30 × 60 cm
（白）
14 × 15 cm

ウレタン

布がきクレヨン

パンヤ

① パンの下の部分と切り口（白布地）をはぎあわせます。

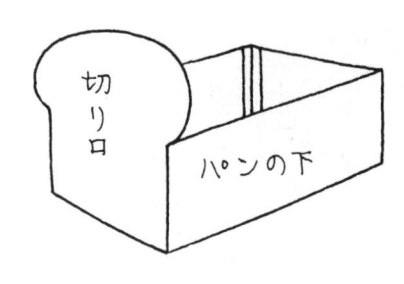

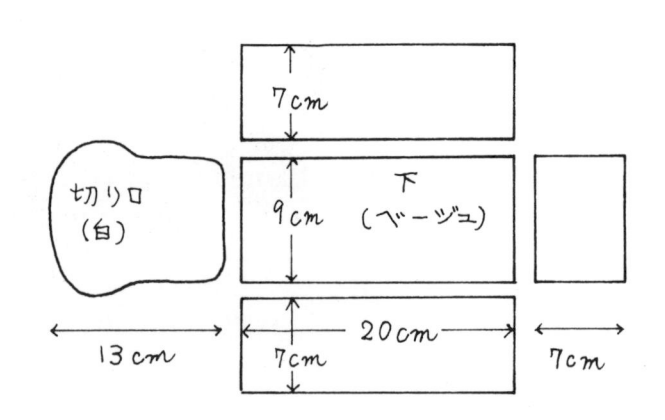

- 切り口（白）
- 下（ベージュ） 9cm
- 7cm
- 13cm
- 20cm
- 7cm
- 7cm

② パンの上の部分をぬいあわせます。ウレタンを下の方に、パンヤを上の方に入れます。

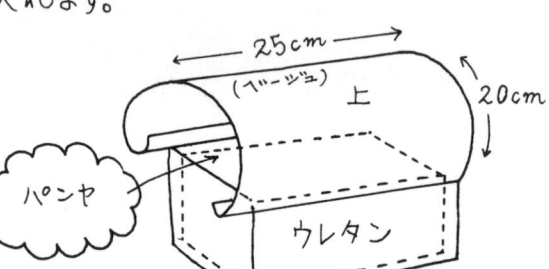

25cm （ベージュ） 上 20cm
パンヤ
ウレタン

③ パンのあき口の上の布にギャザーをよせ、下の布にとじつけ口をふさぎます。

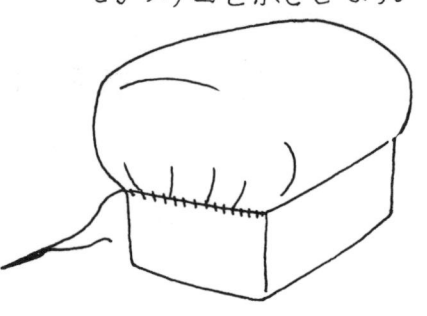

④ パンの山の中央をぬい、糸をひき、山を２つつくります。

糸をひく

⑤ パンの山に布がきクレヨンをぬってよくやけている感じを出します。

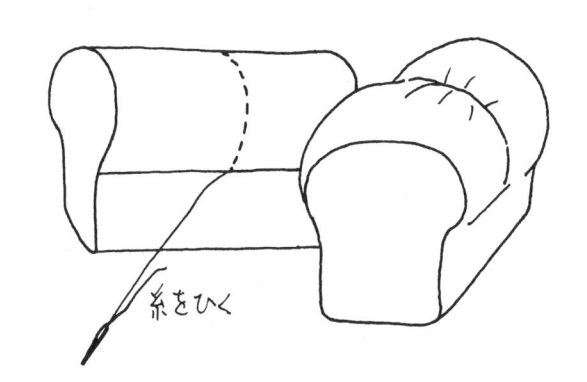

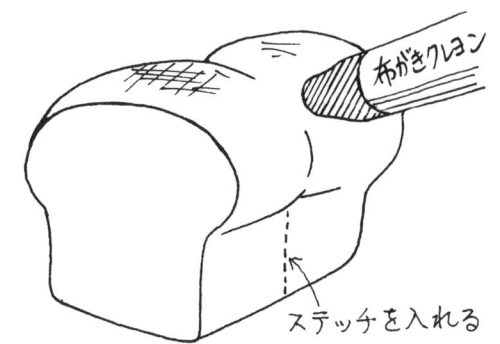

布がきクレヨン

ステッチを入れる

遊び方

✺ 大きなパンをつくってのって遊ぶこともできます。

✺ １枚にスライスしたパンもつくってみましょう。マチをはさんでぬいあわせるだけで簡単にできます。

3時のおやつ

今日のおやつは何かな。
子どもたちの好きなものをつくりましょう。キャンディーはカラフルな水玉模様のパイル地でつくってあるので，とてもきれいです。

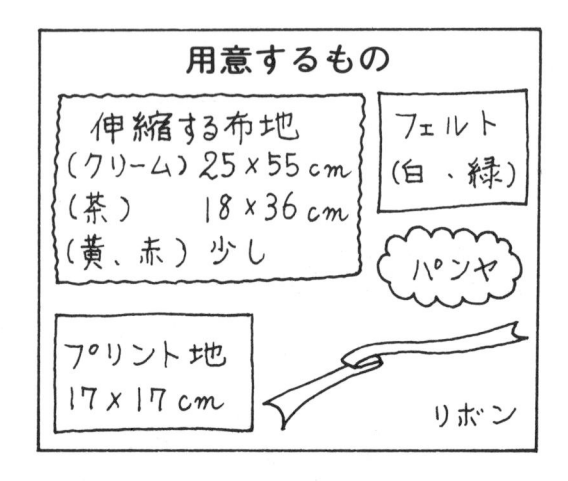

用意するもの

伸縮する布地
(クリーム) 25×55cm
(茶) 18×36cm
(黄、赤) 少し

フェルト
(白、緑)

パンヤ

プリント地
17×17cm

リボン

ホットケーキ

① バターは2枚を中表にぬい表に返します。

黄 (2枚) 4cm
バター

② ホットケーキはマチをはさんでぬいあわせ，パンヤをつめます。

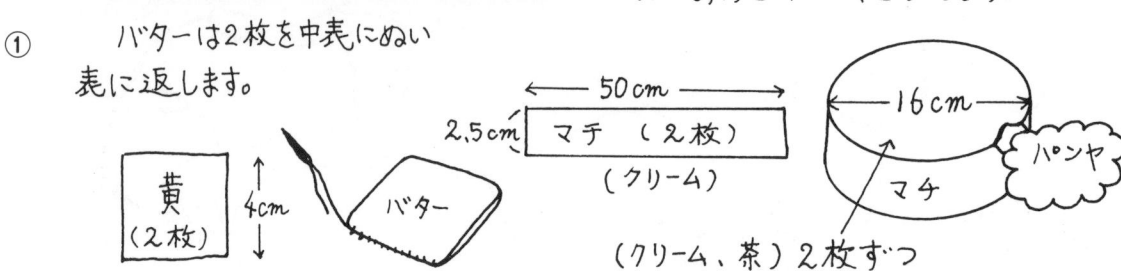

2.5cm ← 50cm → マチ (2枚) (クリーム)

(クリーム、茶) 2枚ずつ

16cm
マチ
パンヤ

キャンディー

① 円筒形にぬってパンヤをつめます。

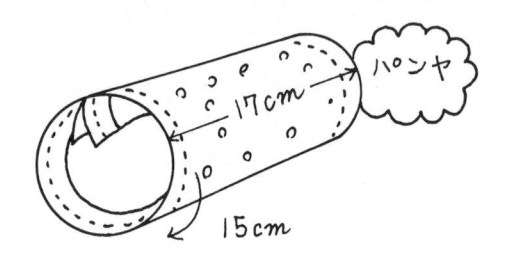

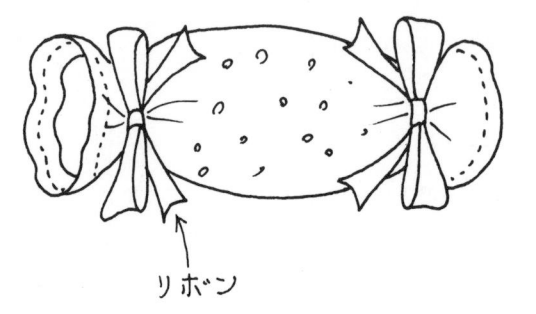

17cm パンヤ
15cm

② 両側にリボンを結びます。

リボン

イチゴ

① イチゴ2枚をぬいあわせパンヤをつめます。

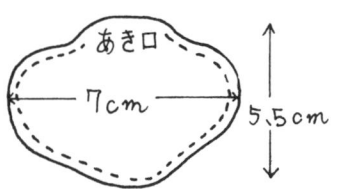

あき口
7cm
5.5cm
伸縮する布地(赤)

② あき口のまわりをぬって糸をひき、ギャザーをよせます。

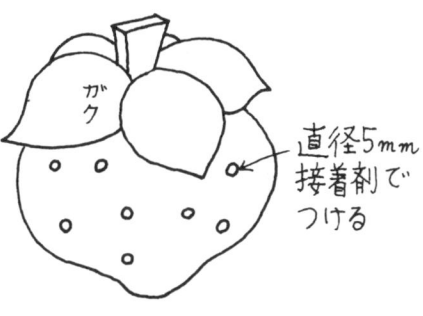

パンヤ
(表)
糸をひく

③ ヘタと白いはん点、をつけます。

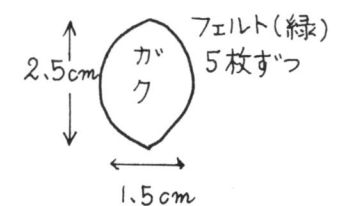

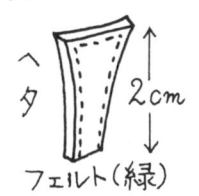

ガク
フェルト(緑) 5枚ずつ
2.5cm
1.5cm

ヘタ
2cm
フェルト(緑)

ガク
直径5mm
接着剤でつける

遊び方

❁ "どうぞ めしあがれ"
ままごとをして遊びましょう。

❁ リボンでキャンディーをさげて、ペンダントにしましょう。

リボン

❁ イチゴは安全ピンでポケットにつけたり、かごにつけたりしましょう。

77

ソフトクリーム

　食べても食べてもなくならない，大きなソフトクリームです。森のトラさんやパンダの親子も大好きです。お母さんの手づくりのソフトクリームは，とても人気があります。

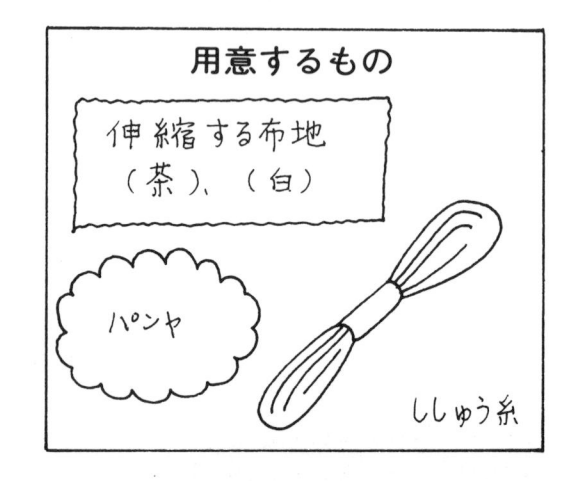

用意するもの

伸縮する布地（茶），（白）
パンヤ
ししゅう糸

① 円錐形のコーンをつくりパンヤをつめておきます。

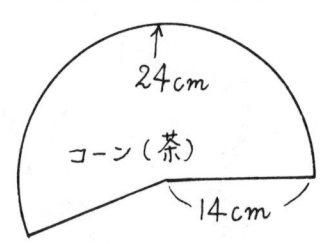

コーン（茶） 24cm　14cm

折り返してステッチをかける．

表　パンヤ

② クリームを円筒形にしてパンヤをつめ，わにします。いちばん上の三角錐は，パンヤをつめて下をとじます。

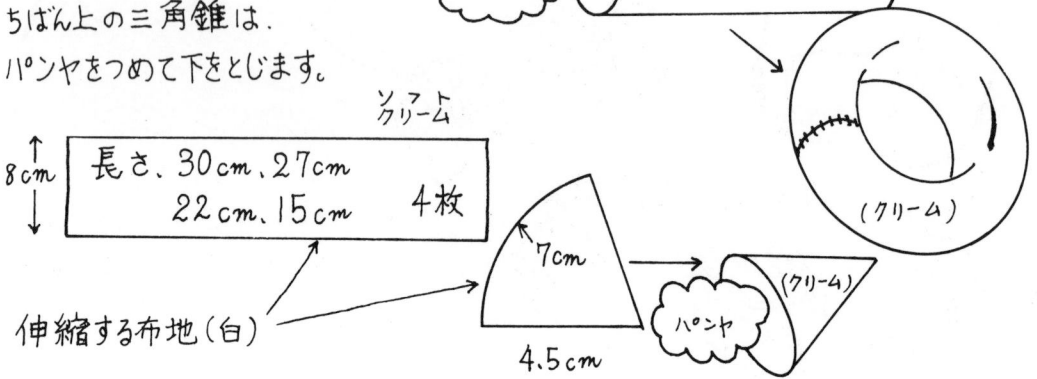

ソフトクリーム
8cm　長さ，30cm，27cm，22cm，15cm　4枚

伸縮する布地（白）

パンヤ　（クリーム）
（クリーム）

7cm　4.5cm　パンヤ　（クリーム）

③ ソフトクリームとコーンを
ぬいつけます。

コーンの部分にししゅうする

遊び方

❋ 大きな大きなソフトクリーム
子どもは大よろこびです。

ソフトクリームの色を、チョコレートや
ストロベリーにしてみましょう。
たがいちがいに色をはさんで
ミックスにしてもおいしそうですね。

❋ 森の中にソフトクリームやさんが
店開きしました。
森に住むインディアンや動物も
おおよろこびです。

チーズハンバーガー

　本物そっくりの特大ハンバーガーです。子どもは焼きたてのハンバーガが，大好きです。
　「布がきクレヨン」で，じょうずに焼き色をつけましょう。

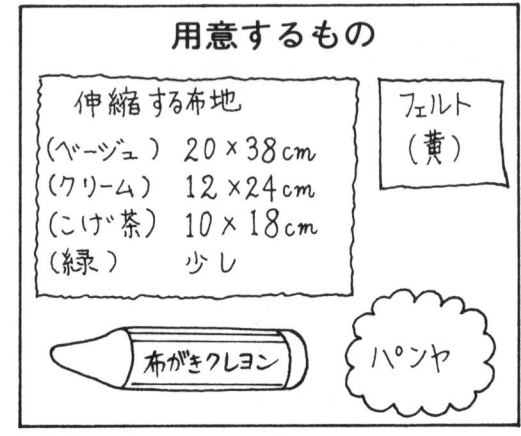

用意するもの

伸縮する布地
- （ベージュ）20×38cm
- （クリーム）12×24cm
- （こげ茶）10×18cm
- （緑）少し

フェルト（黄）

布がきクレヨン

パンヤ

① ベージュの円2枚はまわりをぬいちぢめて、パンヤを入れます。
　（上）18cm
　（下）16cm

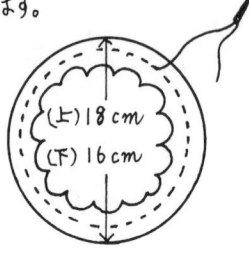

② ①にクリームの布をぬいつけます。
　（上）11cm
　（下）10cm
　クリーム

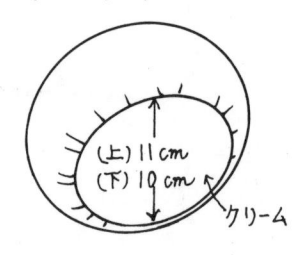

③ 上下2つをとじつけます。
　パンがこげた色に布がきクレヨンをぬる
　8cm位ぬいつける

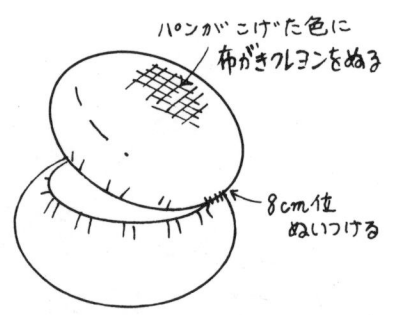

④ チーズは黄色のフェルトのまわりをブランケットステッチします。
　チーズ 7cm×7cm

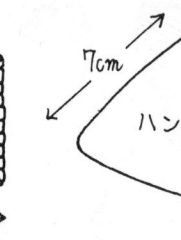

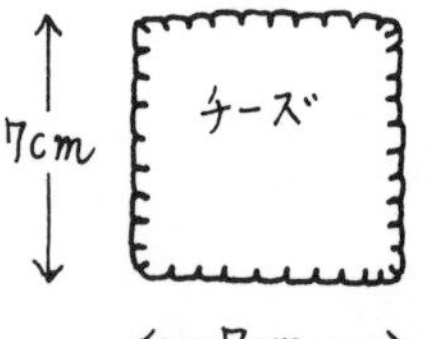

⑤ ハンバーグはこげ茶の布地2枚をあわせてぬい、パンヤを少しつめます。
　7cm　8cm
　ハンバーグ
　パンヤ

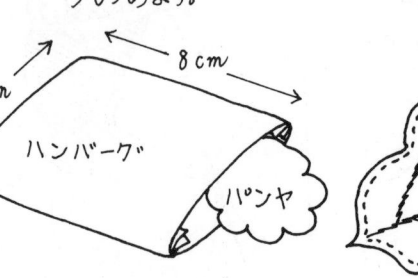

⑥ レタスはまわりを折り返して、ミシンをかけ、葉脈をししゅうします。
　アウトラインステッチ（白）
　レタス

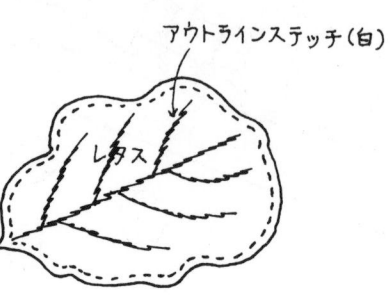

ミルクカップ

① カップの持ち手は2枚あわせて パンヤを少しつめます。

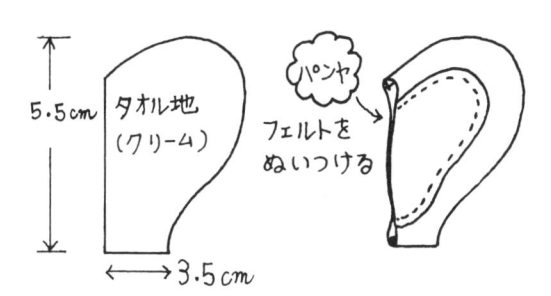

5.5cm　タオル地（クリーム）　パンヤ　フェルトをぬいつける　3.5cm

② 持ち手をはさんで カップをぬいます。

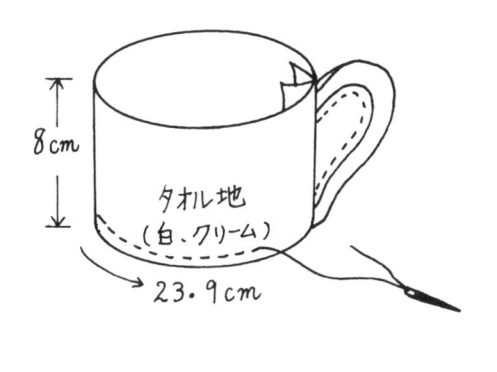

8cm　タオル地（白、クリーム）　23.9cm

③ カップの下をぬいちぢめ 少しギャザーをよせ、底をつけます。

MILK　底 7.6cm

④ カップの口は 白、クリーム 各ぬいしろを折り、まつりつけます。

白　クリーム　パンヤ

❀ 大きな大きなハンバーグです。紙皿にのせて、ミルクをそえ、ままごと遊びをしましょう。

遊び方

おやさいくん

台所にある野菜など，子どもは身近なものに興味をおぼえます。新鮮でかわいい野菜をつくってあげましょう。お母さんのまねをして買い物かごに入れたり，出したりすることでしょう。

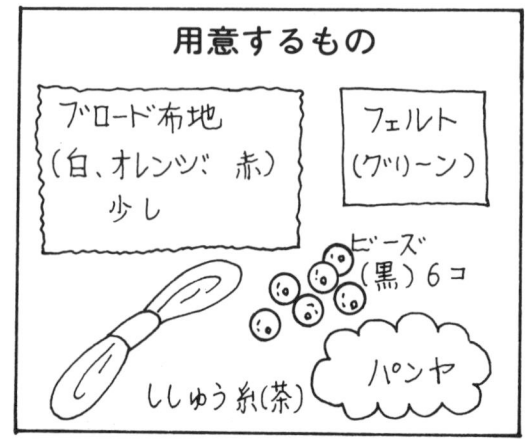

用意するもの

- ブロード布地（白、オレンジ、赤）少し
- フェルト（グリーン）
- ビーズ（黒）6コ
- ししゅう糸（茶）
- パンヤ

ニンジン

① ボディーと葉をぬいあわせます。

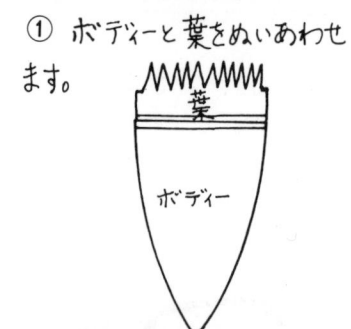

② ①を2枚中表にぬいあわせ、表に返して顔をつくります。

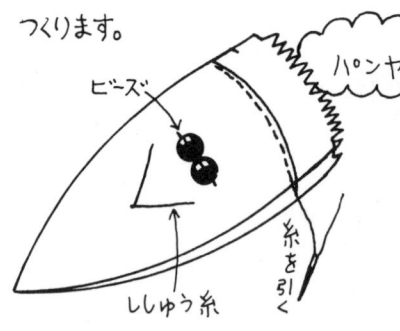

③ パンヤをつめて入口をぬいちぢめます。

カブ

① ボディーと葉をぬいあわせます。

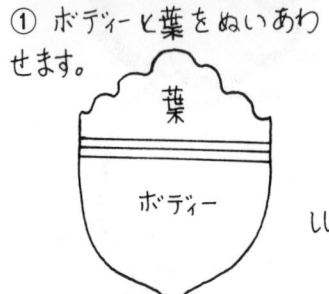

② ①を2枚中表にぬいあわせ、表に返して顔をつくります。

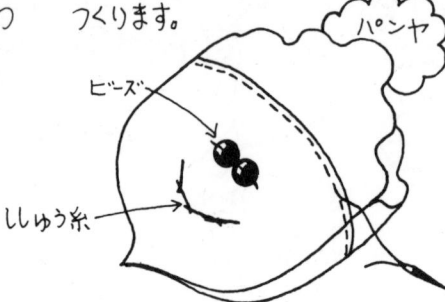

③ パンヤをつめて、入口をぬいちぢめます。

トマト

① ボディー4枚をはぎあわせます。

② 表に返して顔をつくり、パンヤをつめて上をぬいとじます。

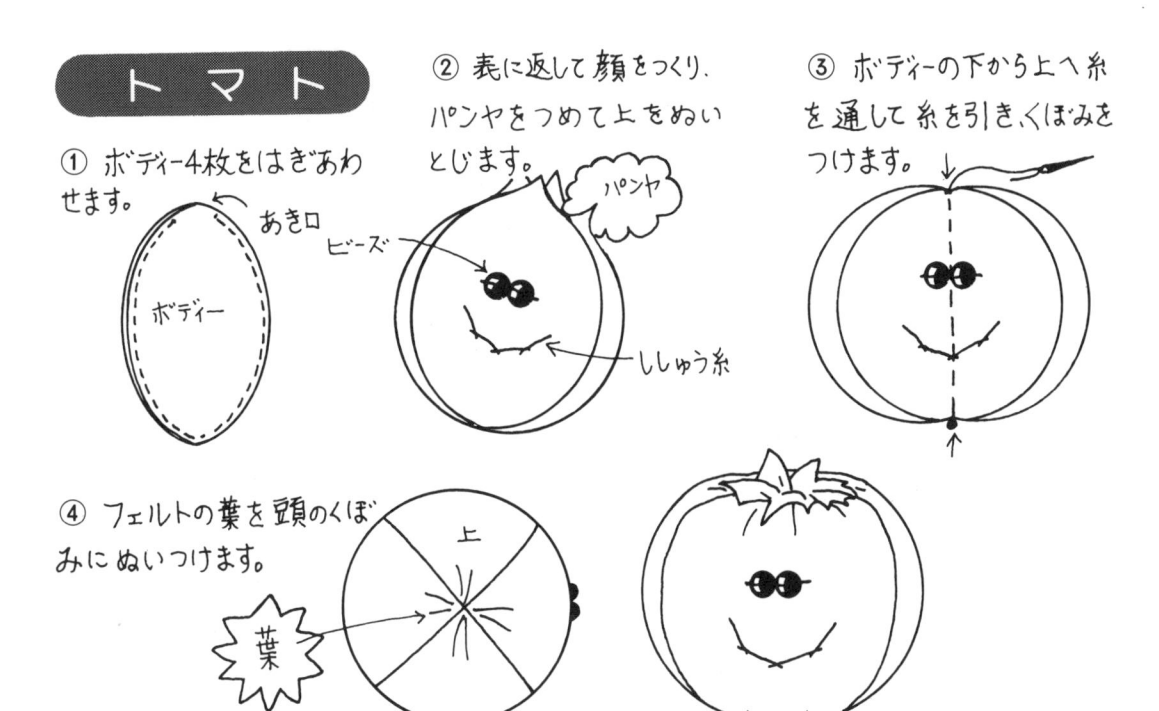

③ ボディーの下から上へ糸を通して糸を引き、くぼみをつけます。

④ フェルトの葉を頭のくぼみにぬいつけます。

遊び方

※ 小さな子にはやさいの名前を教えてあげましょう。

※ やおやさんごっこをしたり、ままごとをしたりして遊びましょう。

※ ひもをつけバッグにさげてみたり、洋服のポケットに入れて持ち歩くのも楽しいでしょう。

おいしい 目玉やき

　目玉焼きは子どもたちの大好物のひとつです。お皿に盛って，ミルクカップやフォークやパンも用意すると，おままごとが楽しくなります。

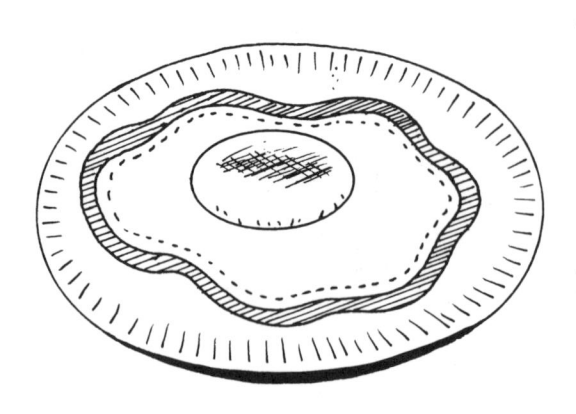

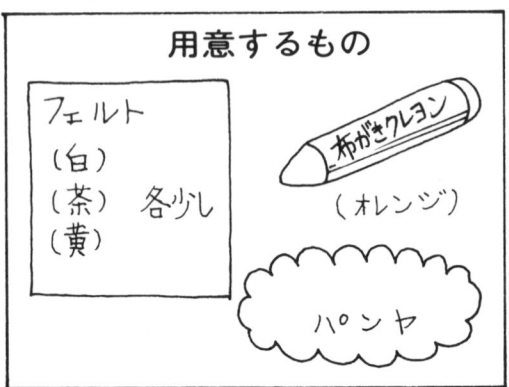

用意するもの

- フェルト
  - (白)
  - (茶) 各少し
  - (黄)
- 布がきクレヨン（オレンジ）
- パンヤ

① 白みは茶よりひとまわり小さくたち，2枚かさねてミシンをかけます。

② 黄みは，まわりをぬいちぢめてパンヤを少し入れます。

③ 白みに黄みをまつりつけます。
黄みの上に布がきクレヨンを少しぬります。

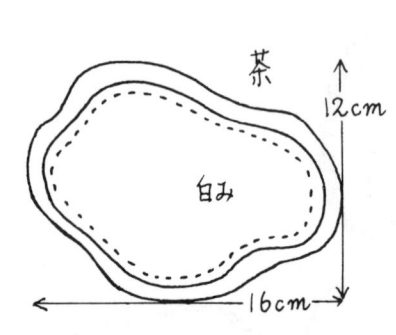

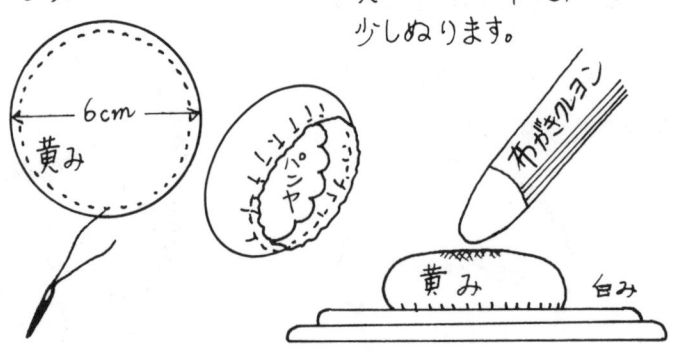

茶 12cm × 16cm
白み
黄み 6cm

遊び方

※ 黄みを2つにしたり．楽しいままごとあそびができます。

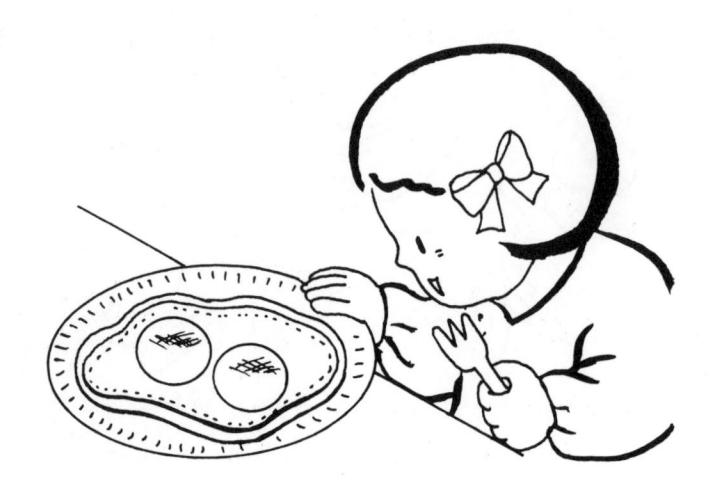

材料について

　子ども向きのぬいぐるみは，なめたり汚したりするので，簡単に洗える素材のものを選びましょう。たとえば綿ジャージーやベビードレス，また古くなったTシャツ，セーターなどを染めて使うとよいでしょう。

　ぬいぐるみの頭やボールなどは，伸びる生地のほうがきれいにまるみができます。しかし素材の伸び率によって，同じ型紙でつくっても，できあがる大きさが異なってきます。中につめるときも，たくさん入れて，生地が伸び過ぎないように気をつけましょう。素材によって，型紙を多少補正するとよいでしょう。

〈材 料 表〉

	内　　　　　　容	単位	売っている所
生地類	伸縮する布地（綿ジャージー，パイル，ウールジャージー）	cm	生地屋
	綿生地（ブロード，コーデュロイ，シーチング）	〃	〃
	タオル地	〃	〃，呉服屋
	フェルト	〃	手芸・洋裁店
	レース，ししゅう入りテープ，リボン，ロープ	〃	〃
	ガーゼ	1袋	薬局
綿類	パンヤ	1袋	手芸店，ふとん店
	化繊綿	〃	手芸店
	ウレタン，ウレタンチップ	〃	〃
他材料・用具類	糸（ししゅう糸，ぬい糸，しつけ糸）	束	手芸・洋裁店
	針（ししゅう針，ぬい針，マチ針）	袋	〃
	ボタン，ファスナー，ハサミ，チャコ	個	〃
	発泡スチロール	枚	画材店
	紙（画用紙，トレーシングペーパー）	〃	文房具店
	接着剤		〃
	コンパス，ものさし，鉛筆		〃

編　集	芸術教育研究所・おもちゃ美術館
	芸術教育を通して子どもたちの全面発育を育むための研究機関として1953年に設立。美術，音楽，演劇，文学，工芸など，さまざまな芸術教育の研究および実践を行っている。
	また，定期的に，幼児教育をはじめとする芸術教育，おもちゃコンサルタント養成講座をはじめとするおもちゃ関連の講座などのほか，高齢者福祉に視点をおいた講座も開催し，福祉現場の関係者の支持を受けている。
	また，当研究所と幼稚園・小学校の教育者，および保育者，高齢者福祉施設指導員，研究者などにおいて「芸術教育の会」を組織し，芸術教育の研究の実践・実証を行い，研究部会や実践交流会の開催，国内外の視察見学，情報誌・研究誌の発行，芸術教育関連の専門書の出版を行っている。
製　作	辻川光子・内藤久子・芸研おもちゃ研究班
協　力	坂柴安子・下村久美子・ラブリーKK
イラスト	栗原耀子
写　真	清水猛司・上林　悟
制　作	上林　悟
企　画	多田千尋（芸術教育研究所所長）

お問い合わせは……
芸術教育研究所・おもちゃ美術館　〒165-0026　東京都中野区新井2—12—10
　　　　　　　　　　　　　　　　　　　　　　　Tel　03(3387)5461

楽しくつくろう布おもちゃ

編　者	芸術教育研究所・おもちゃ美術館
発行者	武馬久仁裕
印　刷	株式会社　太洋社
製　本	株式会社　太洋社
発 行 所	株式会社　黎明書房

460-0002　名古屋市中区丸の内3-6-27 EBSビル ☎052-962-3045
　　　　　FAX 052-951-9065　振替・00880-1-59001
101-0051　東京連絡所・千代田区神田神保町1-32-2　南部ビル302号
　　　　　　　　　　　　　　　　　　　　　　　☎03-3268-3470

落丁本・乱丁本はお取替します　　　　　　　　　ISBN4-654-00122-0
© ART EDUCATION INSTITUTE 2001, Printed in Japan

芸術教育研究所編 **障害児のための手づくりおもちゃ** Ｂ５／164頁　2000円	障害児教育＆遊びシリーズ1　知的・身体的に障害のある子どもの発達段階に応じた，68種のおもちゃの作り方・遊び方をイラストを交え紹介。新装・大判化
芸術教育研究所編 **伝承遊び事典** Ａ５／392頁　5000円	日本の風土に息づく伝承遊び・行事250余種を春夏秋冬に分けて集大成。新しい遊びの創造にも多彩なイメージを提供する楽しい事典。カラー口絵6頁。
実野恒久著 牛乳パックで動く **オリジナルおもちゃをつくろう** Ｂ５／112頁　1700円	リサイクル工作1　牛乳パックの特性(色，形，材質)を活用した，ふしぎでゆかいな動くおもちゃの作り方34種を完全図解。シーソーこま／首ふりトラ／他
実野恒久著 ペットボトルで動く **オリジナルおもちゃをつくろう** Ｂ５／112頁　1700円	リサイクル工作2　軽くてじょうぶなペットボトルの特性を活かして，楽しいおもちゃを作ろう。「まわるおもちゃ」「はしるおもちゃ」など，38種をイラストを交え紹介。
芸術教育研究所監修　豊泉尚美著 子どもとつくる **壁面構成＆教室デザイン** Ｂ５／104頁（カラー32頁）　2250円	子どもと創ろう1　羊毛や小枝を使ったおしゃれな壁飾り，モビールを使った空間演出，教室照明の工夫など，カラー写真とイラストで紹介。ちょっとおしゃれな教室インテリア。
芸術教育研究所監修　小野修一著 リサイクル **おもしろグッズをつくろう** Ｂ５／96頁（カラー32頁）　2190円	子どもと創ろう2　牛乳パックやペットボトルなど，身のまわりにある材料から，ゆかいなおもちゃや役に立つ小物がすぐにできる。わかりやすく完全図解。
芸術教育研究所編 牛乳パックで **アイデアグッズをつくろう** Ｂ５／96頁（カラー32頁）　2100円	子どもと創ろう3　手軽な素材，牛乳パックでつくれる楽しいおもちゃや生活グッズを完全図解。びっくり箱／あみあみグッズ／絵がわりカード／フリスビー／他
芸術教育研究所監修　松浦龍子著 **テーマ別楽しい幼児の絵の指導** Ｂ５／96頁（カラー48頁）　2300円	子どもと創ろう4　3・4・5歳児が思わず絵を描きたくなる指導方法を，花を描こうなど，テーマ別に紹介。意欲を高める言葉がけの例や，描き方の手順を解説。
芸術教育研究所監修　武田真理恵著 子どもとつくる **アイデアカード＆ギフトグッズ12カ月** Ｂ５／96頁（カラー32頁）　2100円	子どもと創ろう5　パスタ，石ころ，ストロー，卵の殻，割りばし，ポプリなどを使って簡単に作れる作品の数々を，月ごとの行事に即して完全図解。
芸術教育研究所監修　豊泉尚美・松本のり子著 **自然と季節を楽しむ造形あそび** Ｂ５／88頁（カラー36頁）　2200円	子どもと創ろう6　たまごポプリ，葉っぱのサンドイッチ，おさんぽアルバムなど，季節に合わせて自然と親しむ作品の作り方を，写真とイラストを交えて紹介。

手づくりシリーズ

全9巻　各B5判・本体1600〜3140円

1 電池とモーターを使った動くおもちゃ工作ヒント集
実野恒久／F1マシン，リモコンロボや大観覧車など，遊んで楽しく，飾ってキレイな動くおもちゃの作り方を満載。話題の太陽電池も導入。

2 身近な材料を使った手づくりおもちゃ入門
芸術教育研究所・おもちゃ美術館編／0歳から楽しめる手づくりおもちゃを，春夏秋冬に分け紹介。　ひもかけあそび／万華鏡／竹のこま／マグネットあそび／他

3 身近な材料を使った手づくり楽器をつくろう
芸術教育研究所編／音を作り出す喜びと，空き箱，空きビンなどを使ったリサイクル楽団での合奏を楽しもう。　ぼうしいれのタイコ／王冠のギロ／空きビンのすず／他

4 牛乳パックで動くおもちゃをつくろう
実野恒久／廃品の牛乳パックがステキなおもちゃに大変身！　マジックハンド／パクパクワニ／カタカタ犬／輪ゴムミサイルシューター／他

5 生活科おもちゃをつくろう
実野恒久／紙コップ，紙皿，ダンボール，トレイ，わりばし，発ぽうスチロール，空きかんなどが，ステキなおもちゃに大変身!!　紙ケースの走るカメ／わりばしのグライダー／他

6 ドリンク缶でおもちゃをつくろう
実野恒久／飲みおわったドリンク缶で自分だけのオリジナルおもちゃをつくろう！　ルームチャイム／マグネット・ダーツ／航空標識灯／等72種

7 牛乳パックでおもしろグッズをつくろう
芸術教育研究所・おもちゃ美術館編／牛乳パックを使った誰にでも，すぐつくれる「おもしろグッズ」のつくり方，遊び方を完全図解。　くるくる絵本／メルヘンボックス／他

8 手づくりの草花グッズ・草花あそび
多田信作監修・芸術教育研究所草花あそび研究班編／草花の昔話，ことわざ，うらない，絵かきうた，料理，インテリア，手づくりおもちゃなどを12カ月に分けて紹介。

9 クッキングあそび春・夏・秋・冬
竹垣幸子／園や学校や家庭で，子どもたちと一緒に楽しむ料理をイラストをまじえ，季節ごとにカラーで紹介。活動のねらいや発展も収録。　ひなにぎり／星のスープ／他

表示価格は本体価格です。別途消費税がかかります。